종교, 평화의 길인가

종교, 평화의 길인가

초판 1쇄 찍은날 · 2016년 11월 24일
초판 1쇄 펴낸날 · 2016년 12월 1일

펴낸이 · 김순일
편   집 · 최지철
디자인 · 선보미
마케팅 · 임형오
펴낸곳 · 미래문화사
신고번호 · 제2014-000151호
신고일자 · 1976년 10월 19일
주소 · 경기도 고양시 덕양구 삼송로 139번길 7-5, 1F
전화 · 02-715-4507 / 713-6647
팩스 · 02-713-4805
전자우편 · mirae715@hanmail.net
홈페이지 · www.miraepub.co.kr
블로그 · http://blog.naver.com/miraepub

ISBN 978-89-7299-471-8 93130

종교,
평화의 길인가

문선명과 종교평화

미래문화사

복잡한 현대 세계에서 종교는 길을 잃고 있다

새 천 년 벽두, 전 세계를 충격에 빠뜨린 9·11 테러부터 첨단기술과 SNS를 통해 소위 '외로운 늑대들'을 포섭하며 테러와 테러에 대한 공포를 일상적인 것으로 만들고 있는 IS 현상까지, 12차 세계대전으로 점철된 폭력과 갈등의 20세기를 마감하며 우리가 그토록 희구했던 평화의 세계는 여전히 요원하게만 느껴진다. 게다가 사랑과 평화, 자유와 해방의 고귀한 이상으로 보편적 인류애와 연대를 가능하게 했던 종교는 이 같은 현실의 해법이 아니라 오히려 갈등과 폭력의 원천으로 지목되고 있다. 혹자는 사회가 종교를 염려하는 시대가 되었다고 개탄하기도 한다.

복잡한 현대 세계에서 종교는 길을 잃고 있다. 특정 종교가 하나의 사회나 국가 범위와 동일시되던 때에 등장한 세계종교들은 보편적 이상을 제시하며 종교를 축으로 한 문명권을 형성했으나, '문명의 충돌'에서 표출된 것처럼 현실 역사에서 그 이상은 각 문명권에 국한된 것으로 머물고 말았다. 게다가 근대 이후 세속화와 다종교 상황의 전개와 함께 각 종교는 본격적으로 새로운 '종교의 길'을 요청받고 있다. 새로운 도정道程에서 종교는 세속주의의 거센 도전에 대응하고 다른 종교들과 만나 공존해야 할 뿐 아니라, 정치권력과 결탁하여 그 이상을 실현하려 했을 때 직면했던 한계와 부정적 유산을 극복해야 하는 과제도 안고 있다.

우리에게는 종교가 지향해온 절실한 인류의 꿈으로서의 '평화'가 있다. 또 다른 한편에는 평화를 위해 때론 폭력을 묵인하거나 정당화하고, 갈등과 분쟁을 감행하는 현실 속 종교의 일그러진 '평화'가 있다. 대표적인 사례로 주요 세계 분쟁의 배경에 있는 유일신 종교의 근본주의적이고 배타적 신앙관이 언급된다. 팔레스타인 문제뿐 아니라 IS 테러의 배후에 있는 서구세계와 아랍세계의 갈등이 성서와 유일신 신앙을 공유하는 유대교, 기독교, 이슬람교를 둘러싸고 벌어지고 있다.

이렇듯 폭력과 악이 평화와 선을 추구해온 종교와 연루되어 일상적으로 언급되고 있는 현상이 목하 진행 중이다. 그러나 인종, 계급, 국가, 문화 등의 복잡한 변수들이 뒤얽힌 상황에서 테러를 일삼는 쪽이나 대테러를 외치는 쪽 모두 손쉽게 종교를 이용하고 있다는 인상을 지울 수 없다. 비난과 분노를 쏟아내고 전가할 대상을 찾는 것이 아니라 진정으로 이러한 문제를 해결하고 평화를 실현하고자 한다면 이들 종교 전통에 대해서도 더 진지한 성찰과 검토가 필요할 터인데도 말이다.

　유대교, 그리스도교, 이슬람교는 사실 '평화의 종교'로 등장했다. 서로 반목하고 있는 세 종교는 회복하고자 하는 총체적인 이상, 즉 신의 뜻이 실현된 상태를 모두 '평화'로 지칭한다. 그러한 이상적 상태는 구원이나 해방, 자유로 표현되기도 하지만, 그 모든 것을 포괄하는 총체적인 것으로서 개인으로부터 사회, 세계, 우주까지 관통할 수 있는 표현은 '평화'라고 할 수 있다. 이처럼 세 유일신 종교의 종교적 비전이 평화사상으로 응축될 수 있다면, 이들의 공통된 기반인 유일신 신앙 안에 있는 배타적 보편성뿐 아니라, 포용적 보편성의 근거와 평화주의적 저력도 놓치지 말아야 한다.

문선명 선생은 이러한 유일신 종교의 평화에 대한 이상을 거듭 강조하면서 전 세계적인 종교운동과 평화운동을 전개해왔다. 이에 신학과 종교를 연구해온 필자들은 공동연구를 통해 세계적 평화운동을 펼쳐온 문선명 선생의 평화사상을 중심으로 유일신 종교의 평화사상과 배타적 폭력성의 문제를 재검토하였다. 인류 역사의 큰 축을 형성한 세 유일신 종교로서, 유대교·그리스도교·이슬람교의 평화사상과 배타적 폭력성을 드러낸 역사적 과정을 함께 검토하여, 절대적 신념체계로서 종교성을 견지하면서도 고유한 평화주의 전통을 다종교·다문화적 상황 속에서 되살릴 수 있는 길을 모색하고자 했다. 이어 성서와 창조주 하나님 신앙에 기반하여 평화이상세계의 청사진을 제시한 문선명 선생의 사상이 현 다종교 상황에서 평화사상으로서 가지는 특징적 의의를 살펴보고 그 이상에 따라 평화운동을 이어나가고자 할 때, 발생할 수 있는 난점을 어떻게 극복할 수 있을지 제안하였다.

이 책은 이러한 주제에 관심을 가지고 모인 필자들이 원모평애재단의 학술연구지원을 받아 공동 연구한 결과를 묶은 것이다. 우리는 종교가 정치세력화하여 적극적으로 평화를 실현하는 주체가 될 때, 특권을 가진 집단을 대변하면서 타자에 대한 배타성과 폭력을 신의 이름으로 정당화하기 쉬운 구조가 된다는 것을 확인할 수 있었다. 그러나 유일신 종교가 핵심적으로 가지고 있는 보편적 평화, 영원한 평화 구축의 힘도 감지할 수 있었다.

제사장과 율법사들이 성전제사를 율법적으로 지키는 것에 함몰되어 그 제사의 참된 목적인 사랑을 잃어버렸을 때, 신은 거리의 가장 헐벗은 자들과 절실한 도움이 필요한 약자들 가운데 계시다고 한 예수의 가르침처럼, 각 종교가 끊임없이 그 존재 의미를 되묻는 자성의 태도를 견지한다면 다종교 상황 속에서도 종교들은 서로 연대할 수 있고 평화의 기점이 될 수 있지 않을까. 다종교 상황과 세속화, 반종교적 정서가 야기하는 종교, 특히 유일신 종교의 위기는 새로운 재생의 기회일 수 있다. 종교무용론이나 종교의 위기 담론을 넘어서 진정한 평화의 종교가 될 수 있게 하는 것은 극단적 근본주의적 종교가 아니라, 종교의 길을 근원적으로 성찰하는 끊임없는 엑스타시스와 케노시스, 즉 종교 자체의 자기 비움의 실천일 것이다.

끝으로 이 책이 나올 때까지 아낌없는 지원과 격려를 보내준 원모평애재단 연구사업팀과 편집과 출판을 진행해준 출판사 편집팀에 감사의 인사를 전한다. 더불어 연구에 조언을 아끼지 않으셨던 이원삼 교수님과 이슬람 연구자들에게도 감사의 인사를 드린다. 긴 기간 동안 함께 연구를 진행하면서 연구 공동체를 만들 수 있었음에 감사하며 이책이 우리 사회가 진정한 다종교사회로 나아가는데 작은 단초가 되길 바란다.

2016년 7월
김민지 · 안연희 · 강화명

1부

종교는
평화를
실현할 수 있는가

1

다종교사회의
긴장과 갈등

지구촌시대가 개막되면서 세계는 다양한 인종과 문화, 종교가 공존하는 외형적인 다종교사회가 되었다. 역사적으로 다종교사회였던 한국 역시 다양한 종교를 가진 외국인들이 한국으로 유입되면서 종교의 스펙트럼이 더 다양화되고 있는 상황이다. 대표적으로 한국에서도 이슬람국가에서 들어온 이주민들과 이슬람으로 개종하는 한국인 등 90년대 이후 국내 무슬림 인구가 폭발적으로 증가해 2014년 한국인 무슬림은 4만여 명, 국내 거주 외국인 무슬림은 16만 4,500명으로 한국 내 무슬림은 20만 4,500명에 이르는 것으로 나타났다.[1] 다종교사회가 현실화되면서 과거에는 어떻게 신을 믿을 것인가를 놓고 고민했다면 오늘날 인류는 신을 믿을지는 물론 어떤 종교의 신을 믿을 것인가를 고민하게 된 것이다.

이러한 다종교사회에 대해 캔트웰 스미스Wilfred Cantwell Smith는

---

1 곽재민, 〈60년 맞은 한국 이슬람교〉, 《중앙일보》, 2015.2.28.

인류 공동체 안에 다양한 종교가 경쟁적으로 공존하는 다종교 상황이 인간 문화의 풍요함을 드러내는 긍정적 요소라고 보았다.[2] 서로 다른 종교적 체험과 구원의 길이 존재한다는 것은 각 종교가 추구하는 '궁극적 실재' 내지 '근원자'에 대한 인간의 경험과 응답이 그만큼 다양하고 풍부하다는 것을 뜻한다. 우리는 상이한 역사적, 문화적 전통 속에 뿌리내린 이웃종교와의 만남을 통해 궁극적 실재가 갖는 무궁무진함과 신비함, 그 거룩한 실재의 깊이에 대한 보다 풍부한 인식을 가질 수 있다.

그러나 다종교사회는 각 종교들이 주장하는 종교적 대타자The Other가 사라진 시대, 모든 종교가 상대화되어 인간과 세계를 초월하여 그의 토대가 되는 절대타자The Absolute Other가 더 이상 존재하

한국은 이슬람국가에서 들어온 이주민과 이슬람으로 개종하는 한국인 등 90년대 이후 무슬림 인구가 증가하고 있다.

2 윌프레드 캔트웰 스미스, 김승혜 · 이기중 역, 《지구촌의 신앙》(칠곡: 분도출판사,1989), 7, 17; 차옥숭, 〈종교 다원주의의 도전과 3대 유일신교의 적응과 전개과정-그리스도교-〉,《종교연구》제35집(2004), 31-32.

지 않는 무종교사회가 될 수 있다는 우려 또한 제기되고 있다. 타종교에 대한 존중과 관용의 태도를 요구하는 다종교 사회는 결국 모든 종교가 무차별적으로 동등하기 때문에 어느 종교를 믿든지 구원이 가능하다는 종교상대주의 내지 종교무용론을 부각시켜 역설적이게도 '무종교 사회'와 같은 효과를 야기할 수 있다는 것이다.

이러한 우려는 한국 사회에서 이미 현실로 나타나고 있는데 2014년 한국갤럽에서 조사한 결과를 보면 한국 사회에서 종교인의 비율은 2004년에 54%였던데 비해 10년 동안 50%로 감소한 것으로 나타났다. 특히 20대 중 종교를 믿는 비율이 2004년 45%에서 31%로 14% 감소하였으며 30대 역시 같은 기간 11% 감소한 것으로 나타나 종교를 믿지 않는 젊은 층이 증가하고 있는 것으로 조사되었다.[3]

스미스의 예측과 달리 다종교사회가 무종교사회로 나아가는 것은 현대인들이 종교를 상대적으로 인식하는 동시에 부정적으로 인식하는 경향이 증가하고 있기 때문이다. 다시 말해 다문화, 다종교 시대를 맞아 타종교에 대한 배타적인 태도, 공격적인 선교 방식, 종교 간 분쟁 등이 종교를 평화의 자원이기 보다는 갈등의 원천으로 인식하도록 만들어 무종교 효과를 더욱 심화시키고 있다. 신의

---

3 "여론조사기관 한국갤럽이 2014년 4월 17일~5월 2일 전국 만 18세 이상 남녀 1,500명을 대상으로 면접 조사해 펴낸 '한국인의 종교' 보고서에 따르면 10년 전인 2004년 조사 때는 종교인의 비율이 54%였지만 이번 조사에서는 50%로 4% 포인트 감소했다. 종교인 비율이 감소한 것은 젊은 층의 종교인 비율이 두드러지게 감소한 데 주원인이 있는 것으로 관측됐다. 10년 전 조사에서는 종교를 믿는 20대 비율이 45%였지만 2014년 조사에서는 31%로 14%포인트 감소했다. 30대 종교인 비율도 10년 전 49%에서 이번 조사에서는 38%로 11%포인트 감소했다. 40대와 50대 종교인도 각각 6%포인트(57%→51%), 2%포인트(62%→60%) 감소하긴 했지만 20~30대 감소 폭에 비하면 적은 수준이었다." 조현, 〈젊은 층 이탈로 '종교인구' 비율 줄어〉,《한겨레》, 2015.2.12.

이름으로 자행되는 종교 간의 폭력과 마찰이 지구촌의 평화를 위협하는 큰 축으로 부각되면서 종교에 대한 회의적인 인식이 더욱 확산되고 있다.

최근 전 세계적인 관심을 받으며 국제정치의 화두로 떠오른 이슬람 수니파 무장단체 이슬람국가 ISIslamic State를 둘러싼 중동의 상황은 종교에 대한 부정적인 인식을 더욱 강하게 만든다. 사실 IS는 미국의 침공과 시아파의 공격으로 사담 후세인이 몰락하면서 본격적으로 활동하게 된 단체로 중동 정치의 여러 역학관계 속에서 탄생된 정치적 산물이라고 할 수 있다. 그러나 IS가 2014년 6월 본격적인 국가선포를 할 때 이슬람 신정국가로 국가정체성을 규정하였기에 국가탄생의 정치적 의미만큼 종교적 의미도 부각되고 있다.

헌팅턴Samuel P. Huntington의 주장처럼 종교가 문명의 충돌의 근원이라고 단언할 수는 없지만 종교가 개입됨으로써 증오와 폭력의 폭과 심도, 그리고 지속성이 현저히 강화되고 있는 것이 사실이다. IS뿐만 아니라 역사적으로 종교재판이나 마녀사냥처럼 종교 내에서 일어난 폭력부터 십자군전쟁이나 이슬람 지하드 운동 등은 모두 종교의 이름으로 폭력과 갈등이 정당화되고 합리화되었음을 보여주고 있다.

종교로 인한 역사적 갈등과 분쟁은 한국 사회도 예외는 아니어서 최근 논쟁이 되고 있는 종교평화법 제정을 비롯하여 봉은사역 지정논란 등 종교 간 갈등이 심화되고 있는 것으로 나타나고 있다. 이러한 흐름은 한국인들의 종교인식에도 영향을 미쳐 지난해 한 설문조사기관이 조사한 바에 따르면 한국인 중 50%가 종교가 평화에 기여하기보다는 갈등을 유발한다는 설문에 동의한 것으로 나타났다. 또한 응답자 중 68%가 종교적 신념이 강한 사람들은 다른 사람들에 대해 배타적이라고 응답하였다.[4]

일반적으로 종교적 삶은 자신이 귀의하고 있는 종교가 절대적이고 참되다는 굳은 확신으로부터 출발한다. 각 종교마다 정도의 차이는 있겠지만 종교는 절대적 신념체계로 사상과 실천, 관계의 형식에 있어서 신봉자의 전인적인 헌신을 요구한다. 따라서 종교는 자기 신념체계와 다른 외적인 요인과 대응했을 때 그것이 무엇이든 상대방의 고유성 내지 절대성을 인정하기보다는 자신의 종교가 제시하는 궁극적 가치의 범주 안에서 이를 상대화하려는 경향이 강하다.[5] 특히 신실하고 헌신적인 신앙인일수록 자기 종교에 우월성을 부여하며 타종교를 거짓종교 내지 우상숭배로 배타시하기 쉽다.

다종교사회가 안고 있는 위험성은 바로 여기에 있다. 각각의 종교들이 다양한 진리체험과 구원의 방식을 상대화하고 자신의 종교적 정체성만을 고집할 경우 종교 간 갈등과 대립이 불가피해진다. 실제로 오늘날 우리는 배타적 진리 주장과 제국주의적 팽창주의에서 비롯된 종교 간 갈등과 분쟁, 폭력이 얼마나 인류를 큰 재앙과 고통 속으로 몰아넣는지를 목격하고 있다.

따라서 종교 다원사회를 살아가는 우리가 마주치게 되는 현실적

---

4 "우리나라 성인의 절반가량은 종교가 평화에 기여하기보다는 갈등을 유발하는 측면이 많다고 생각한다는 조사결과가 나왔다. 고산문화재단(이사장 영담 스님)은 ㈜한국리서치에 의뢰해 지난 4월 4~14일 전국의 만 18세 이상 65세 이하 성인 1천 명을 대상으로 '한국인의 종교인식과 불교의 인상' 설문조사를 한 결과 이렇게 나타났다고 9일 밝혔다. '종교가 평화에 기여하기보다는 갈등을 유발한다'는 의견에 대한 입장을 묻는 질문에 '매우 동의' 14.6%, '약간 동의' 35.9%, '동의도 반대도 아님' 28.0%, '약간 반대' 17.9%, '매우 반대' 3.6%로 집계됐다. 종교인의 배타성에 관한 물음에는 조사대상의 68.0%가 '종교적 신념이 강한 사람들은 다른 사람들에 대해 배타적'이라고 응답했다." 공병실, 〈성인 50% "종교, 평화 기여보다는 갈등 유발〉, 《연합뉴스》, 2014.7.9.
5 윤이흠, 〈다종교문화 속에서의 종교 교육〉, 《종교연구》제2집(1986), 5.

인 과제는 어떻게 하면 자기 종교의 정체성을 잃지 않으면서도 신성한 종교의 이름으로 자행되는 수많은 형태의 폭력과 갈등, 참혹한 성전聖戰을 극복하고 다양한 종교적 배경을 가진 사람들이 평화롭게 공존하는 이상적인 사회를 실현하느냐이다. 지구 상의 여러 종교들이 자기 종교에 대한 신앙적 확신을 약화시키지 않으면서도 인류의 풍요로운 삶과 일치, 평화실현에 기여하는 촉매제의 역할을 다 할 수 있는지를 고민해야 한다.

이러한 문제의식을 바탕으로 우리는 종교와 폭력, 평화의 관계에 대해서 논의를 시작해보고자 한다. 사랑과 자비, 생명 존중 등 종교가 담지하고 있는 평화에 대한 가르침을 개괄적으로 살펴보고, 이러한 평화주의적 전통에도 불구하고 종교가 다양한 형태의 폭력을 정당화하는 문화적 폭력으로 작용하는 원인을 요한 갈퉁 Johan Galtung의 이해를 토대로 분석해 보고자 한다.

주지하듯이 종교는 오랫동안 인류의 정신적, 도덕적 세계에 영향을 미치면서 평화와 나눔, 사랑의 가치를 설파해왔다. 그러나 한편으로 종교는 평화를 위장한 무서운 증오와 탐욕, 폭력을 배양한 것도 사실이다. 역사적으로 종교는 정치권력과 손을 잡고 타종교에 대한 폭력을 용인함으로써 진정한 평화 실현을 저해해왔다. 이러한 종교의 배타적 속성은 유대교, 그리스도교, 이슬람교 등 유일신 종교에서 더욱 뚜렷하게 나타난다. 유일신 종교는 보편적 평화의 이상을 추구하면서도, 한편으로 한 하나님에 대한 절대적 신앙에 근거하여 자신을 참종교로 자처하면서 타종교를 우상시하는 등 제국주의적 속성을 강하게 배태하고 있다. 이에 사랑과 평화의 가르침을 전파하는 종교, 특히 유일신 종교들이 신의 이름으로 무자비한 폭력을 행사하고 정당화하는 메커니즘을 고찰하고, 평화의 종교가 되기 위해 요구되는 과제들을 모색해 보고자 한다.

다음으로 종교 간의 대립과 갈등을 해소하기 위한 대안으로 제시되고 있는 종교다원주의 사상에 대한 고찰을 시도할 것이다. 종교 간 갈등의 원인에는 타종교를 거짓종교 내지 우상숭배로 보는 배타주의적 태도가 잠재되어 있다. 종교의 절대적 진리주장이 여러 종교에 대한 무자비한 폭력과 전쟁을 정당화하는 논리로 작용하고 있는 것이다. 그러므로 자기 종교의 우월성을 넘어 타종교에 내재해 있는 고유한 진리체험을 수용하고 긍정하는 인식의 변화가 요청된다.

종교다원주의는 이러한 문제의식을 바탕으로 세계의 여러 종교들을 동일한 산을 오르는 서로 다른 길로 보는 새로운 이해의 지평을 제공하여 종교 갈등의 주요 요인인 배타적 태도를 넘어서고자 하였다. 다원주의자들은 그 어떤 세계 종교도 진리 인식의 상대성과 역사성으로 인해 절대자에 대한 완벽한 앎을 가질 수 없다는 인식론적 한계를 주장하면서 타종교의 고유한 신앙체험과 구원방식의 가치를 인정할 것을 촉구하고 있다. 모든 종교는 역사적, 문화적 제약 아래서 진리를 반사하고 있기 때문에 그 어떤 종교도 결코 진리를 독점할 수 없다.

종교다원주의의 이러한 주장은 자기 종교만이 참된 진리라는 종교적 우월주의를 해소하고 타종교에 대한 관용적 태도를 가질 수 있는 이론적 지평을 제공하는데 많은 공헌을 한 것이 사실이지만 한편으로 각 종교 간의 고유한 차이와 독특성을 무시하는 상대주의를 야기한다는 점에서 비판적 평가를 받고 있다. 여러 종교를 수

유일신 종교는 한 하나님에 대한 절대적인 신앙에 근거하여 자신을 참종교로 자처하면서 타종교를 우상시하는 등 제국주의적 속성을 강하게 배태하고 있다. 그림은 프란체스코 하예즈의 〈예루살렘과의 일곱 번째 십자군 전쟁〉.

평적 동일 선상에서 파악하는 것은 개별 종교가 갖고 있는 구원의 진리성을 포기하는 것과 다름 아니므로 이는 결국 상대주의적 입장을 부각시켜 자기 종교에 대한 헌신과 신앙을 약화시키고 나아가 무종교 사회라는 심각한 결과를 초래할 수 있다는 것이다.

　이에 본 장에서는 종교 간 갈등과 반목을 해결하기 위해 등장한 종교다원주의의 핵심주장과 이에 대한 도전과 과제가 무엇인지를 논의해 보고자 한다. 오늘날 보편적으로 받아들여지고 있는 종교다원주의적 주장을 어느 정도 수용하면서도 자기 종교에 대한 확신과 헌신을 잃지 않고 이웃 종교와 협력할 수 있는 길을 모색해 보고자 한다.

2

종교의 딜레마

평화를 지향하는 종교

인류의 정신문명을 이끌어 온 여러 종교들은 사랑과 생명, 평화에 대한 근본 가르침을 공유하고 있다. 세계의 고등 종교들은 한결같이 용서와 화해, 나눔과 사랑의 실천을 통해 진정한 행복과 평화를 얻는 것을 궁극적인 목표로 제시하고 있다. 각 종교의 근본된 가르침이 개인적, 사회적 차원의 평화와 관련되어 있으며 나아가 보편적 내지 우주적 차원의 평화를 상상하고 지향한다는 데에는 별다른 이견이 없다.[6]

일반적으로 평화는 폭력이 부재하여 개인과 사회 안에 조화적 정의가 이루어진 평온하고 화목한 상태를 의미한다. 평화의 한자

---

6 이찬수, 〈종교평화학의 모색: 평화학과 종교가 만나는 지점〉,《종교교육학연구》제41집(2013), 146.

현대 평화론에서는 평화의 개념을 소극적 개념과 적극적 개념으로 나누어 정의한다. 사진은 대표적인 평화학자인 요한 갈퉁이 2015년 8월 문선명 선생 성화3주년 기념 국제학술대회에 참석하여 기조연설을 하는 모습.

적 의미는 평평할 평平과 조화로울 화和로 모든 이들을 동등 또는 평평하게 대하여 조화를 이루는 것으로 해석된다. 개인과 공동체가 차별과 소외 없이 화목하게 살면 그 안에 평화가 자리한다는 말이다. 반대로 개인과 개인, 개인과 집단 간의 착취나 억압, 불평등은 조화를 깨뜨려 평화의 부재를 낳는다.

현대 평화론에서는 평화의 개념을 소극적, 적극적 개념으로 나누어 정의한다. 소극적인 개념의 평화는 직접적인 폭력이 없는 상태, 곧 전쟁이나 살인, 테러 등으로부터 자유로운 상태를 의미한다. 반면 적극적 평화개념은 사회정의의 현존으로 이해된다.[7] 즉 평화는 삶을 위한 능력과 수단이 균등하게 분배되어 공동체 안에 정의

---

7 Johan Galtung, "Violence, Peace, and Peace Research", *Journal of Peace Research* 6, no.3(1969), 183.

가 실현된, 직접적 폭력뿐 아니라 구조적 폭력과 문화적 폭력마저도 없는 상태를 말한다.

이러한 평화 이해는 세계의 여러 종교 전통 안에서도 쉽게 발견된다. 지구촌의 고등 종교들은 소극적, 적극적 의미의 평화개념을 포괄하면서 궁극자과의 관계 속에서 이루어지는 본질적인 평화에 대한 가르침을 공유하고 있다. 가장 폭력적인 종교라고 의심을 받는 유일신종교도 매일 평화를 지향하는 인사를 나눈다. 유대인들의 '샬롬'이나 그리스도교인들의 '에이레네', 무슬림들의 '아 살람 알라이쿰' 등 일상 인사에는 평화를 바라는 마음이 담겨 있다.

유대교의 일상적인 인사말인 '샬롬'은 '평화' 또는 '평강'을 뜻하는데 이는 한 개인 혹은 공동체가 어떠한 결여나 손상 없이 그 본래적 생명력을 온전히 발휘하는 삶의 방식들을 지칭하는 용어로 이해된다.[8] 개인적 차원에서 샬롬은 개개인의 건강하고 건실한 삶을 위해 필요한 조건들을 제공하는 것이며, 공동체적 차원에서는 전쟁이 없는 평온한 상태뿐 아니라 이웃들과 깊은 화해와 공감을 나누며 살아가는 공동의 삶을 의미한다.[9] 유대인들은 화해와 공생, 정의 등 적극적 의미를 담고 있는 샬롬을 일상적인 인사로 나눔으로써 참평화를 자신들의 삶 가운데 실현하고자 한다.

그리스도교 역시 평화를 하나님의 속성이자 하나님 나라의 본질적인 요소로 규정하며, 평화에 대한 가르침을 중요시하고 있다. 예수는 당시 로마가 제시하는 제국적이며, 특권계층만이 누리는 위계적이고 억압적인 평화가 아니라 경계를 넘어 모든 이들에게 평

---

8 김명희, 〈종교 · 폭력 · 평화〉,《종교연구》제56집(2009), 142.
9 박충구,《종교의 두 얼굴: 평화와 폭력》(서울: 홍성사, 2013), 56.

안과 위로를 주는 보편적 사랑으로서의 새로운 평화 이상을 제시하였다. 악을 악으로 갚지 말며 원수까지도 사랑하라는 예수의 평화 정신에 따라 그리스도 공동체는 용서와 화해, 비폭력과 무저항을 핵심적인 가치로 지향하고 있다. 예수의 십자가 희생에서 보여준 용서와 사랑의 정신을 토대로 하나님이 우리를 사랑하고 용서하신 것처럼 우리도 서로 사랑하고 용서하라고 가르치는 것이다.

예수는 자신에게 해를 가하는 이들에게 보복하지 않을 뿐만 아니라 원수까지도 사랑하는 사람들을 평화를 이룩한 사람들이라고

예수는 스스로 자기희생이 최고조로 요구되었던 십자가의 죽음을 통해 비폭력의 실천자가 되었다.

칭하고 이들을 가리켜 하느님의 아들들이라고 선포하였다. 그는 스스로 자기희생이 최고조로 요구되었던 십자가의 죽음을 통해 비폭력의 실천자가 되었다.

예수를 따르는 사람들에게 남을 사랑하고 용서하는 평화의 정신은 가장 중요한 신앙적 의무 중 하나이다. 성서와 예수의 가르침에 따라 오늘날 그리스도교인들은 스스로를 평화를 위해 부름 받은 자들로 간주하며 공평하고 자비로운 신적 사랑에 의해 이루어지는 참된 평화를 구현하기 위해 노력하고 있다.

이슬람의 가장 널리 알려진 인사인 '아 살람 알라이쿰' 또한 '당신에게 평화를'이라는 뜻으로 평화의 의미를 담고 있다. 이슬람이라는 어원 자체가 신에 대한 복종이면서 평화라는 뜻으로 해석되기도 한다.[10] 최근 IS가 일으키는 잔인한 테러가 지구촌의 평화를 위협하는 큰 축으로 등장하면서 이슬람이 호전적인 종교로 잘못 이해되는 경향이 없지 않다. 그러나 분명히 이슬람은 평화를 근본적인 가치로 지향하고 있다. 이슬람의 이러한 평화사상을 우리는 꾸란과 하디스를 통해서 살펴볼 수 있다.

이슬람의 경전인 꾸란은 무슬림이라는 이유로 종교적 갈등에 휘말리거나 내쫓김을 당하지 않는 한 다른 종교의 신자들과 화평을 유지하라고 가르친다. '신은 종교 때문에 너희들과 싸우지 않고 너희들을 사는 곳에서 쫓아내지 않는 사람들과 함께 하는 것을 금하지 않으신다(꾸란 60:8)'라는 구절은 흔히 알려진 '한 손에는 칼, 한 손에는 코란'이라는 말과 달리 이슬람이 타종교에 대해 결코 배타적이지 않음을 보여준다. 무슬림들은 이슬람을 신봉한다는 이유로

---

10 진원숙,《충돌의 역사: 기독교 세계와 이슬람 세계》(서울: 신서원, 2002), 285.

다른 종교로부터 핍박과 차별을 당하지 않는 이상 타종교들과의 평화로운 관계를 맺고자 한다.

이슬람의 평화사상은 개종을 강요하지 않는다는 사실에서도 드러난다. '너희에게는 너희의 종교가 있고, 나에게는 나의 종교가 있다(꾸란 109:6)', '종교는 강요되어서는 아니 되느니라(꾸란 2:256)'라는 꾸란 구절을 통해서 우리는 이슬람이 여러 종교에 대해 수용적 입장을 취하고 있다는 사실을 발견하게 된다. 이슬람은 각 종교가 제시하는 진리체험의 가치를 존중해야 하며 결코 무력으로 개종을 강요해서는 안 된다고 본다.

타인에 대한 사랑과 관용의 정신은 불교에서도 나타난다. 살아 있는 것에는 모두 불성이 있다는 불교적 지혜에는 모든 생명을 존중할 것을 요구하는 평화의 전통이 살아 숨 쉬고 있다. 땅 위의 모든 존재는 깨달을 수 있는 근본 성품, 부처가 될 가능성을 갖고 있기 때문에 우리는 결코 나의 이익과 목적을 위해 타인을 함부로 이용하거나 해쳐서는 안 된다. 지극히 작은 존재라도 불성을 발휘할 수 있도록 버리지 않고 하나로 끌어안으며 존중하라는 것이다. 각각의 생명을 사랑하며, 나와 남에 대한 그 어떠한 폭력도 거부하는 불교의 비폭력사상에는 이렇듯 생명과 생명 간의 평화에 대한 깊은 통찰이 자리하고 있다.

나아가 부처는 이 세상의 모든 어려움이 욕심에서 비롯된다고 보고 이를 버리라고 말하였다. 불교라는 말은 깨달음을 위한 가르침이라는 뜻이며, 불자라는 말은 깨달음을 위해 힘쓰는 사람이란 뜻이다.[11] 부처는 모든 인간이 이 세상에서 겪고 있는 어려움의 근

---

11 오강남, 〈사랑, 생명, 평화의 가르침〉, 《우리교육》제254집(2013), 122.

본원인이 무엇인지를 깨닫고 이를 우리에게 가르쳐 주었다. 즉 이 세상에서의 고통은 나만을 생각하는 이기심에서 비롯된다. 따라서 욕심을 버리고 남의 아픔을 나의 아픔으로 공감하는 자비의 마음을 품을 때 우리는 비로소 욕심과 미움, 어리석음에서 벗어나 참된 자유와 행복을 누리는 평화에 이를 수 있다.[12]

이처럼 사랑과 자비는 종교가 지닌 보편적인 가치이다. 세계의 고등 종교들은 서로 사랑하고 용서하며 화해할 것을 종교적 의무로 요청하고 있다. 생명과 평화도 종교 속에 있다. 사랑하라는 말은 곧 생명을 존중하라는 뜻이다. 모든 생명을 귀하게 여기며 존중하는 생명에 대한 사랑 역시 종교가 추구하는 바이다.

그런 점에서 볼 때 종교는 평화를 위한 종교가 되어야 한다. 모든 종교는 고통의 세계로 던져진 인간에게 분쟁과 갈등, 폭력의 굴레를 과감히 끊고, 사랑과 생명, 평화를 이루라고 가르치고 있기 때문이다. 비폭력과 사랑으로 평화를 이루어 나가는 것만이 각 종교가 제시하는 근본적인 가르침을 가장 충실하게 따르는 길인 것이다.

종교와 폭력

생명에 대한 존중, 비폭력정신, 이웃사랑의 실천은 세계 여러 종교에 나타나는 공통된 가르침이다. 오랫동안 종교는 인류의 정신문화에 영향을 미치면서 비폭력과 무저항, 사랑의 실천을 강조

---

12 오강남, 〈사랑, 생명, 평화의 가르침〉, 123.

해 왔다. 그럼에도 불구하고 한편으로 종교는 갈등과 분쟁의 원인이 되어 무자비한 폭력을 행사해왔다는 것 또한 부정하기 힘든 사실이다. 종교는 평화를 소망하지만 역설적이게도 평화의 이름으로 폭력과 분쟁을 조장하고 정당화하기도 하였다. 오늘날 종교 간 충돌은 세계 도처에서 발견되고 있으며 특히 유일신 종교 간의 갈등은 전 세계적인 관심사가 되고 있다.[13]

평화를 추구하는 종교가 왜 폭력적이 되는가? 사랑과 평화, 자비를 강조하는 종교들이 폭력과 만나게 되는 지점은 과연 어디인가? 이에 대해 평화학자 요한 갈퉁은 종교의 근본주의가 폭력을 합법화하고 정당화하는 기제가 되고 있다고 말한다. 보다 구체적으로 선악의 이분법에 기반을 둔 배타적 선민의식과 종교적 우월주의가 문화적 폭력으로 작용하여 직접적, 구조적 폭력을 용인하고 합법화한다는 것이다.

요한 갈퉁은 평화의 대립개념을 '전쟁'으로 보는 종래의 평화연구의 한계를 지적하면서 평화를 모든 종류의 폭력이 부재한 상태로 규정하고 평화와 폭력의 관계를 밝히는 데 중점을 두었다. 그에 따르면 폭력이란 인간의 신체적, 정신적인 실제적 실현이 그의 잠재적 실현보다 낮도록 영향받을 때 나타나는 현상이다.[14] 여기서 잠재적 실현이란 각 개인이 아무런 제제나 제약이 없을 때 자신이 원하는 삶의 목표를 달성해 나갈 수 있는 능력을 말한다.

폭력은 개개인이 지닌 잠재적 실현 가능성에 제한을 가하는 어떠한 힘 또는 영향력으로 이해된다. 만약 어떤 개인의 현실에 있

---

13 후쿠오카 마사유키, 김희웅 역, 《21세기 세계의 종교분쟁》(서울:국일미디어, 2001).
14 Johan Galtung, "Violence, Peace, and Peace Research", *Journal of Peace Research* 6, no.3(1969), 168.

어서 신체적, 정신적 실현이 그의 잠재적 실현 이하로 제약을 받고 있다면, 그리고 양자 사이의 괴리가 불가항력적인 것이 아니라면 거기에는 이미 폭력이 존재한다고 볼 수 있다.[15]

폭력을 개개인의 자아실현에 제한을 가하는 어떠한 영향력으로 이해할 경우 폭력의 의미는 더욱 확장된다. 일반적으로 폭력은 인간의 생명이나 재산에 피해를 입히는 물리적 행동으로 정의된다. 그러나 갈퉁은 폭력을 인간의 자아실현을 모독하는 것으로 폭넓게 이해하면서 의도적이고 가시적인 폭력뿐 아니라 비의도적이고 간접적인 요소, 나아가 구조적인 요소까지도 폭력의 범주에 포함시키고 있다.

폭력에 대한 새로운 이해를 바탕으로 갈퉁은 인간의 자아실현을 저해하는 폭력을 세 가지로 구분한다. 먼저 직접적 폭력은 살인이나 테러, 전쟁 등 물리적인 힘을 이용하여 타인에게 위해를 가하는 행위이다. 이러한 폭력은 가해자와 피해자가 명확하고 의도적이며, 누구에게나 처벌받아야 한다는 인식을 준다는 특징을 지닌다.

구조적 폭력은 빈곤, 억압, 사회적 소외, 독재, 양극화 등과 같이 사회구조와 체제 안에 근원적으로 내장되어 있는 폭력이다. 직접적 폭력과 달리 구조적 폭력은 주체-행동-대상 간의 폭력관계가 대체적으로 불분명하고 직접적으로 드러나지 않는다는 특징을 지닌다. 구조적 폭력은 일련의 복합적인 사회구조와 제도를 통해 발생하므로 책임 소재가 불분명하고 잘 인식되지 않으며 당연시되는 경향이 있다.

문화적 폭력은 종교와 사상, 언어와 예술, 도덕, 가치 등 인간 존

---

15 이문영, 〈폭력개념에 대한 고찰〉, 《역사비평》 제106집 (2014), 329.

재의 상징적 차원에서 작동하여 직접적, 구조적 폭력에 정당성과 합법성을 부여함으로써 그 폭력성을 은폐하는 폭력이다.[16] 문화적 폭력은 장기 지속되는 불변체로 직접적, 구조적 폭력을 발현하고 추동해 내는 폭력의 기저층으로 작동한다.

갈퉁에 따르면 직접적 폭력이 사건이고 구조적 폭력이 과정이라면, 문화적 폭력은 두 폭력의 유지 보수 기제로 작동한다. 따라서 직접적, 구조적 폭력을 추동시키고, 폭력에 저항하려는 이들의 의식화를 저지하는 문화적 폭력을 어떻게 차단하느냐가 무엇보다 중요하다.

갈퉁은 직접적, 구조적 폭력의 합법화와 정당화를 위해 사용되어온 문화적 폭력의 대표적 사례가 바로 '종교'라고 지적한다. 종교는 인간의 삶에 지대한 영향을 미치면서 인류사의 수많은 갈등과 분열, 전쟁과 분쟁의 매개체 역할을 해 왔다. 그는 그중에서도 특히 유대교, 그리스도교, 이슬람교의 유일신 종교들이 보여주는 '초월자로서의 하느님' 개념이 세계적인 폭력과 갈등의 주요인이라고 지적하고 있다.

갈퉁에 따르면 신의 초월개념에서 선악의 이분법에 기반한 이원론이 생기고 하나님에 의해 선택받은 자들과 선택받지 못한 자들로 구분되어 갈등과 폭력이 정당화된다.[17] 선택받았다는 선민의식은 선택받지 못한 타인을 열등한 존재로 간주하게 하며 개종의 대상, 나아가 악마 내지 사탄으로 규정하게 한다. 타인을 향한 이러

---

16 Johan Galtung, "Cultural Violence", *Journal of Peace Research* 27, no.3(1990), 291.

17 요한 갈퉁, 강종일 외 역,《평화적 수단에 의한 평화》(서울: 들녘, 2000), 425 ; 김명희,〈종교 · 폭력 · 평화〉,《종교연구》제56집(2009), 133.

한 부정적 인식은 폭력성으로 발전하여 이교도 내지 우상 숭배자를 멸한다는 종교적 명분을 제공하게 된다.[18]

한 예로 유대인은 자신들이 야훼신에게 특별히 선택받은 민족이라는 강한 선민의식을 가지고 있었고, 이러한 우월적 선민의식은 다른 민족을 선택받지 못한 민족으로 규정하게 하여 차별적 태도를 가지게 하였다. 즉 선택받은 민족인 자신들이 선택받지 못한 다른 민족을 지배하는 날이 올 것이라는 비전을 가지고 있었던 것이다.

구약성경을 보면 하나님은 아브라함에게 이스라엘을 언약의 땅으로 약속하신다. 이후 유대민족은 절대적인 진리로 이러한 내용을 수용하여 팔레스타인을 신이 약속한 땅을 무단 점거한 악의 무리로 규정하고 있다. 강한 선민사상은 이렇듯 다른 민족을 신을 모르는 민족이자 개종의 대상으로 규정하므로 그들에게 신을 믿게 하기 위해서 공격하고 지배하여야 한다는 정당성을 부여한다. 종교적 명분을 지닌 폭력은 정의롭고 용감하며 자랑스러운 종교적 사명으로 포장되므로 죄의식 없이 열정적으로 폭력을 행사하게 만든다.

선민사상과 선악의 이원론에 기초한 전쟁 및 폭력은 성전聖戰이라는 이름으로 쉽게 정당화된다. 유대인의 성전, 이슬람의 지하드 등은 모두 종교적인 이념의 전파나 특정 종교의 승리를 목표로 타종교에 대한 폭력을 합법화한 사례들이다. 거룩한 전쟁에서 타종교인들은 거짓 진리를 퍼뜨리는 악마로 간주되며, 이에 성전에 참여하는 이들은 조금의 양심의 가책도 없이 신의 이름으로 다른 종교인에 대한 무자비한 폭력을 휘두르게 된다. 이처럼 갈퉁은 유일

---

18 요한 갈퉁, 〈평화적 수단에 의한 평화〉, 425.

신 종교들의 배타적 선민의식과 이원론적 교리들이 다른 종교인들을 악마로 규정하게 하고 이들에 대한 폭력에 정당성을 부여하는 기제가 되고 있다고 밝히고 있다.

아말라도스Michael Amaladoss 또한 이러한 갈퉁의 분석에 동의하면서 "타종교인을 악마로 규정하면 편안한 마음으로 열정적으로 그들을 공격할 수 있게 된다. 즉 사탄의 자식을 공격하는 것은 고통스러운 일이 아니라 자랑스러운 종교적 사역이 된다. 종교의 세계관이 폭력을 정당화하게 된다"고 분석하고 있다.[19]

이렇듯 다른 종교인을 악마 내지 우상숭배자로 간주하는 이분법적 사고와 강한 선민의식은 타종교에 대한 폭력을 정당화하는 문화적 폭력으로 이용되고 있다. 그러므로 각 종교가 가지고 있는 종교적 우월주의를 극복하지 않고서는 종교 간의 평화로운 공존은

종교적 명분을 지닌 폭력은 정의롭고 용감하며 자랑스러운 종교적 사명으로 포장되므로 죄의식 없이 열정적으로 폭력을 행사하게 만든다.

19 Michael Amaladoss, "Religion for Peace", *America* 185. no.19(2001), 6-8.

불가능하다. 다종교 사회를 살아가는 우리에게 주어진 과제는 편협한 선민의식을 넘어 타종교에 대한 평화적 이해를 어떻게 추구해 나갈 수 있느냐 하는 것이다. 즉 자신이 믿는 종교적 교리를 만고불변의 가장 완벽하고 최종적인 진리로 보는 우월주의적 사상과 태도를 극복할 수 있는 하나의 지점을 찾아야 할 과제가 우리 앞에 놓여 있다. 그리하여 종교가 직접적, 구조적 폭력을 합리화하는 문화적 폭력이 아니라 평화의 가치를 드러내고 가르치는 매개체가 되도록 만들어야 한다. 세계의 여러 종교들이 타종교의 고유한 진리체험의 가치를 존중하고 수용할 때 신의 이름으로 자행되는 무자비한 폭력을 극복할 수 있는 것이다.

종교와 정치

종교가 폭력적이 되는 또 다른 이유 중 하나로 우리는 종교와 정치의 결합을 지적할 수 있다. 종교의 배타성은 세속적인 정치권력과 관련을 맺을 때 더욱 두드러지게 나타난다. 다시 말해 종교와 정치가 결합하여 국가종교로서의 특권을 누리고 자신의 세력을 확장해 나갈 때 타종교에 대한 우월주의가 한층 강화되어 쉽게 폭력의 유혹에 빠지게 된다.

종교는 포교와 세력 확장을 위해 정치권력의 도움을 필요로 한다. 즉 종교는 선교과정에서 정치와 유기적 관계를 형성하면서 보다 많은 신자들을 확보하고 세계적인 종교로 성장해 나가게 된다. 정치권력에 협조하면서 인적, 물적 자원을 제공받는 동시에 사회적 정당성을 확보받게 되는 것이다. 대표적으로 그리스도교는 로마제국의 종교가 되면서 세계적인 종교로 성장하였으며, 이슬람 또한 오스만제국의 종교가 되면서 비약적으로 발전하였다. 그런데 종교가 이렇게 정치권력의 비호를 받으며 성장해 나가는 과정에서 사랑과 평화를 지향하는 본래의 가르침이 약화되고 정치권력을 이용하여 자신의 이기적인 목적을 달성하려는 패권주의적 권력 기제가 강화된다.[20]

초기 그리스도교의 역사는 이러한 과정을 잘 보여주고 있다. 하르낙, 캐둑스, 헤링에 따르면 초기 그리스도교는 성경의 가르침을 근거로 살인이나 살상을 반대할 뿐 아니라 군 복무 혹은 병역을 거부하고 전쟁을 반대하는 평화주의적 이상을 지니고 있었다. 이들은 모든 형태의 폭력을 죄악으로 규정하면서 그리스도가 보여준 사랑의 정신에 따라 타인과 공존하는 평화적 삶을 추구하였다. 그리스도교를 믿었던 사람들이 이처럼 군 복무나 살상, 폭력, 전쟁을 반대한 것은 근본적으로 예수의 가르침을 따르려고 했기 때문이다. 이들이 보기에 군 복무는 군인 서약 등 우상 숭배적 관행을 따르게 하며 의롭지 못한 생활방식을 강요한다고 생각하였던 것이다.

그러나 4세기 이후 그리스도교가 로마제국의 공인을 받고 국교화되면서부터 이런 평화주의적 전통은 힘을 잃기 시작하였다. 교회가 제도화되고 '제국의 종교'가 되면서 초기의 그리스도교 공동체가 보여준 비폭력 평화주의 전통에 커다란 변화가 일어난 것이다.

그리스도교는 제국의 종교가 되면서 제국을 지켜야 할 책임을 새롭게 부여받게 되었다. 더 이상 군 복무를 거부할 명분이 없어졌

---

20 한내창, 〈종교의 양면〉,《원불교사상과 종교문화》제43집(2009), 145-146.

으며 우상숭배 문제를 제기할 수도 없었다. 그리스도 국가를 위해 군 복무를 하는 것은 더 이상 우상숭배가 아니었던 것이다. 아타나시우스는 "살인은 허용되지 않는다. 그러나 전쟁에서 적군을 죽이는 것은 합법적이며 칭송받을 일"이라고 하였다.

제국을 비호하는 종교가 된 그리스도교는 전쟁을 합리화하는 일도 서슴지 않았다. 이른바 신의 이름으로 타인에 대한 폭력을 정당화하기 시작한 것이다. 암브로시우스는 야만족에 대항하여 싸우는 로마의 그리스도교인들은 '의로운 전쟁'을 펼치고 있다고 주장하였다. 전쟁은 그 목적이 의로우면 정당하다고 주장하면서 힘의 확장이 아니라 그리스도교 제국의 방어를 위한 것이라면 그 전쟁은 정당성을 지닌다고 보았던 것이다. 아우구스티누스는 스승 암브로시우스와 마찬가지로 평화가 전쟁의 목적이 되어야 한다고 주장하였다. 이후 그리스도인의 참전권은 의로운 전쟁론으로 조직적으로 정당화되었다.

그리스도교가 국가종교가 된 후 그리스도교의 비폭력적, 비저항적 태도가 변화되기까지는 오랜 시간이 걸리지 않았다. 불과 1세기만인 416년 황제가 모든 군인은 그리스도교 신자가 되어야 한다고 공표하면서 비폭력적 입장은 완전히 전위되었다.

중세기로 접어들면서 교회가 준제국적 성격의 제도화된 기구로 변모되는 과정에서 전쟁에 대한 관점도 변화되었다. 제국의 정복 전쟁은 이교도의 개종과 교화를 위한 하나님의 일, 곧 성전으로 인식되면서 예수가 주장한 사랑의 윤리는 전적으로 수도원이나 개인 윤리의 영역으로 밀려나게 되었다.

종교가 정치를 주도하던 중세시대의 십자군 전쟁을 보더라도 유

럽의 그리스도교 세력이 성지인 예루살렘과 팔레스티나를 이슬람
세력으로부터 탈환하기 위해 벌인 전쟁인 동시에 정치적으로 식민
지를 확보하려는 세력이 전쟁의 중심이 되었으며 종교는 이러한
세력의 움직임을 성화聖化시키는 역할을 수행했다.

제국주의적 목적으로 시작된 전쟁이지만 종교적인 명분을 통해
성전으로 선포되면서 전쟁은 각 종교가 내세우는 신들의 보호 아
래 이루어졌다. 전쟁에 참여하는 군사들은 각자의 종교가 부여하
는 영적인 보상을 받게 된다고 믿었다. 종교적 명분과 보상이 주어
지기에 십자군전쟁 이후 성전은 '명분을 확보한 정당한 전쟁'이라
는 정치적 의미로 사용되었다. 정치적 목적을 합리화하고 싶은 의
도가 담겨졌던 것이다.[21]

사실상 십자군전쟁 이후 지금까지 이슬람과 그리스도교 사이의
성전은 계속되고 있다. 십자군전쟁 이후 결집된 이슬람은 아랍 민
족주의를 중심으로 통합되었으며 유럽의 십자군을 물리쳤다. 이후
유럽의 십자군은 기회가 있을 때마다 이슬람 제국을 침략하고 영
향을 미치려고 하였다. 그 결과 결국 오스만제국이 무너지게 되었
고 그리스도교 국가들이 산업혁명에 성공하면서 힘의 균형은 유럽
으로 기울어지게 되었다.

제2차 세계대전 이후 이스라엘이 팔레스타인 지역에서 독립을
선언하면서 상호 간의 반목과 갈등은 더욱 증폭되었다. 특히 서구
의 오랜 침략에 맞서 아랍의 자존심을 회복하고, 이슬람 율법에 충
실한 문명을 이루고자 하는 이슬람 원리주의가 부각되었다.[22] 십자

---

21 자크 G. 루엘랑, 김연실 역, 《성전, 문명충돌의 역사》(서울: 한길사, 2003), 15-18.
22 권형기, 〈이슬람 원리주의: 기원과 본질〉, 《종교연구》제14집(1994), 149-164.

군 전쟁 이후 오랜 세월 동안 축적된 그리스도교와 이슬람 간의 갈등은 종교와 정치가 복잡하게 얽혀 풀리지 않는 위험이 되고 있다.

2001년 9·11사태와 그에 따른 미국의 보복 전쟁 등은 모두 성전이란 미명 하에 종교적 근본주의가 정치권력과 유착하게 될 때 어떤 피해를 남길 수 있는지를 극명하게 보여준 사건들이다. 세계 곳곳에서 일어나는 테러나 전쟁 등 분쟁의 이면에는 종교적 근본주의와 정치적 결합이라는 배경이 자리하고 있다. 미국에서는 대통령 선거가 있을 때마다 종교적 근본주의가 그 위세를 과시해 왔으며 정치뿐만 아니라 사회, 문화 등 모든 분야에 막대한 영향을 끼치고 있다.

이렇듯 종교와 정치의 결합은 타종교에 대한 무자비한 폭력을 성전으로 미화하면서 정당화한다. 평화와 사랑, 도덕적 삶을 추구

종교와 정치의 결합은 타종교에 대한 무자비한 폭력을 성전으로 미화하면서 정당화한다. 사진은 팔레스타인을 공습하는 이스라엘군.

하는 종교는 현실과의 타협과 권력에 기초한 정치와 만날 때 그 본래적 가르침을 잃어버리고, 국가권력의 옹호자로 돌변하게 된다. 국가는 종교에게 국가종교로서의 사회적 특권을 선사하는 대신, 종교적 국가로서의 정당성을 부여받으며 국가의 질서와 통일성을 유지하는 데 종교를 이용한다.

이 같은 공생적 관계 속에서 종교는 엄청난 사회적 권력을 바탕으로 다른 종교를 억압하고 이단시하는 종교적 폭력을 휘두르게 된다. 종교와 정치의 불의한 결합은 종교를 국가 지배계층의 이용수단으로 변질되게 만들며 타종교에 대한 폭력을 보다 큰 선을 위한 어쩔 수 없는 희생으로 정당화한다는 점에서 문제가 있다.

따라서 종교는 정치와의 결탁으로 인한 타락을 늘 경계해야 한다. 종교가 국가종교가 되어 타종교에 대한 폭력을 정당화하고 용인했던 과거를 깊이 있게 성찰할 필요가 있다. 각 종교들이 비인간적 현실로부터 인간을 해방하고 평화의 길로 인도하는 대신 불의한 권력의 노예가 되어 힘없는 약자들의 삶을 억압했던 과오를 반성하고 종교의 본래적 가르침인 평화주의적 전통을 회복하고 충실히 지켜나갈 때 평화가 자리할 수 있다.

3

다종교사회와
종교다원주의

종교는 사랑과 자비, 용서에 기초한 평화를 지향하면서도 한편으로 배타적인 선민의식과 독단적인 진리주장을 토대로 교단 내혹은 타종교에 대한 직접적, 구조적 폭력을 용인하고 합리화하는 문화적 폭력으로 작용해 왔다. 특히 요한 갈퉁의 지적처럼 유일신을 신앙하는 유대교, 그리스도교, 이슬람 등 셈족 종교들이 갖고 있는 배타성이 종교 간 갈등과 분쟁을 일으키는 폭력의 큰 축으로 등장하면서 종교적 가르침이 평화가 아닌 물리적 충돌의 촉매제가 되는 비극적 현실이 세계 도처에서 발생하고 있다. 이러한 현상은 급속한 통신매체, 교통과 수송수단의 발달, 그리고 국가 간 인구이동으로 종교 간 상호의존성과 다양성이 증대되는 다종교 사회가 되면서 더욱 두드러지게 나타나고 있다.

종교 간 갈등이 야기하는 비평화적 현실 속에서 일부 종교인들은 타종교에 대한 근본적인 이해의 전환이 이루어지지 않고서는 종교 사이의 갈등과 마찰을 해결할 수 없다는 인식을 공유하면서 그 대안으로 다원주의Pluralism를 제시하고 있다. 자기 종교의 우월성만을 강조하는 데서 종교적 폭력이 발생하기 때문에 이를 해소하기 위해서는 여러 종교의 독특한 신앙과 구원관을 존중하는 평화적 타자 이해가 요청된다는 것이다.

주지하듯이 종교다원주의는 단순히 우리가 살고 있는 지구촌에 여러 종교가 공존하고 있다는 현실을 인정하는 단계를 넘어 이러한 다원성을 어떤 식으로든지 긍정적으로 수용하고자 한다.[23] 어느 특정한 종교만이 진리이며, 구원에 이르게 하는 절대적 우위를 차지하고 있는 것이 아니라 모든 종교에는 상이한 구원의 체계가 있다고 보고 다원적 구원의 가능성을 인정하고 있다. 본 장에서 우리는 타종교에 대한 새로운 이해를 촉구하고 있는 종교다원주의를 배타주의 및 포괄주의와의 비교를 통해 좀 더 자세히 살펴보고자 한다.

배타주의Exclusivism

흔히 배타주의Exclusivism는 자기가 믿는 종교의 가르침만이 참되다고 보고 타종교의 진리관이나 구원관에 대해서 부정적인 입장을 취하는 태도를 말한다. 이 관점은 타종교에 대해 무관심하거나 가치중립적인 태도가 아니라 이들에 대한 자기 종교의 우월성을 분

23 길희성, 〈종교다원주의: 역사적 배경, 이론, 실천〉,《종교연구》제28집(2002), 7.

명하게 표명한다.[24] 배타주의를 주장하는 종교인들은 진리는 오직 하나이기 때문에 자신이 귀의하는 종교가 참인 이상 다른 종교들은 이에 위반되는 거짓종교에 불과하다고 본다. 흔히 이슬람 근본주의자들, 그리스도교 근본주의자들처럼 자신이 신앙하는 종교에 대해서 매우 헌신적이며, 그 종교의 엘리트 그룹인 사람들이 이러한 입장을 취하는 경우가 많다.[25]

배타주의를 대표하는 학자로 그리스도교 신학자인 칼 바르트Karl Barth를 꼽을 수 있다. 그에 따르면 그리스도교는 하나님의 계시가 직접적으로 완전하게 드러난 종교인 반면 다른 종교는 하나님에 대한 인간의 교만과 불신앙을 표출한 서로 다른 형태들에 지나지 않는다.[26] 하나님은 참된 진리를 오직 예수 그리스도를 통해 결정적으로 계시하셨다. 그러므로 이러한 계시를 인정하는 그리스도교만이 유일한 참된 종교이다.

이렇듯 그리스도교와 다른 종교전통 사이에는 '질적인 차이'가 존재하기 때문에 다른 종교들이 하나님에 대해서 제대로 알기 위해서는 그리스도교로의 개종이 필수적이다. 참된 진리는 오직 그리스도교에만 있으므로 예수 그리스도를 통한 하나님의 계시와 은총을 믿는 신앙을 받아들이지 않고서는 진정한 구원과 해방에 이를 수 없다.

배타주의자들의 태도는 신앙에 대한 경건함과 헌신, 열정적 선

---

24 김경재, 〈종교적 갈등사회와 종교다원주의〉, 《사회이론》제13집(1995), 21.
25 김경재, 〈종교적 갈등사회와 종교다원주의〉, 21-22.
26 Karl Barth, *Church Dogmatics* ed. by G.W Bromiley and T.F.Torrance (New York: Charles Scribner's Sons, 1956), 333; 한인철, 《종교다원주의의 유형》(서울: 한국기독교연구소, 2000), 28.

교 등과 같은 긍정적인 점에도 불구하고 다음과 같은 문제점을 야기하고 있다.

첫 번째로 역사적, 문화적 상황에 따른 진리 인식의 상대성에 대한 진지한 성찰이 없다는 점을 지적할 수 있다. 흔히 배타주의자들은 신의 직접적인 계시에 의해 자신들의 종교가 세워졌기 때문에, 그들의 교리체계에는 어떠한 한계나 모순도 없다고 주장한다. 이들은 대부분의 종교가 특정한 시대적, 문화적 환경에 의해 영향을 받는다는 사실을 쉽게 간과해 버린다. 그 결과 오직 자신의 종교만이 영원하고 불변하는 진리 경험을 독점하고 있다는 폐쇄적 입장을 고수한다. 진리 인식의 상대성을 부정하는 이러한 태도는 타종교와의 진지한 만남이나 대화 자체를 불필요한 것으로 여기도록 만들어 종교 간의 상호이해나 평화적 연대의 가능성을 약화시킨다는 점에서 재고되어야 한다.

두 번째로 배타주의는 다른 종교에 귀의하고 있는 사람들에 대한 우월적, 정복적 자세를 취하기 때문에 종교 간 갈등과 분쟁을 조장한다는 비판을 받고 있다. 이들은 자신들만이 진리를 완전하게 알고 있다는 교만에 빠져 타종교의 진리관을 부정하는 폐쇄적인 태도를 취한다. 자신의 종교를 진리 그 자체와 동일시하기에 다른 종교에 대한 깊은 이해 없이 이들의 진리나 가치를 열등한 것 혹은 우상숭배로 치부해버리는 경향이 강하다. 이러한 우월적 태도는 종교 간의 갈등을 부추겨 심각한 폭력과 충돌을 야기하는 요인이 된다는 점에서 문제가 있다.

포괄주의Inclusivism

포괄주의는 자기 종교의 절대성만을 주장하는 배타주의와 달리 다른 종교에도 진리의 빛이 비추고 있다는 포용적 입장을 취한다. 자신이 귀의하는 종교만이 아니라 역사와 문화가 상이한 다른 종교 전통 안에도 진리에 대한 훌륭한 가치들이 담겨 있으며, 필요한 경우 상호 만남과 대화를 통해 그들의 진리를 참고할 수도 있다는 진보적인 입장을 표명하고 있다.[27] 주로 칼 라너Karl Rahner, 라이몬 파니카Raimon Panikkar 등이 포괄주의를 대표하는 학자로 거론된다.

칼 라너에 의하면 그리스도의 은총은 교회 밖에도 주어지며 따라서 그리스도교인은 교회 안에만 존재하는 것이 아니라 교회 밖에도 존재한다. 타종교에 속한 사람들, 심지어 무신론자까지도 경건하고 도덕적인 삶을 사는 사람이라면 예외 없이 모두가 '익명의 그리스도인Anonymous Christian'으로서 하나님의 포괄적 은총과 구원

칼 라너는 모든 종교 안에 하나님의 계시와 신앙이 드러나고 있다는 점을 인정하였다.

---

27 김경재, 〈종교적 갈등사회와 종교다원주의〉, 23.

에 참여하고 있다.[28]

라너가 바르트와 달리 교회 밖에도 구원이 있다고 주장하는 근
거는 하나님의 사랑과 구원계획의 보편성이라는 신학적 사실에 기
초해 있다. 세계의 여러 종교들은 시대적, 문화적 환경의 차이에도
불구하고 하나님의 보편적인 구원계획의 영향 아래에 놓여 있다는
점에서 공통적이다.[29] 하나님은 그리스도교뿐 아니라 모든 종교를
통해서 사랑과 구원을 전하고 계시며, 따라서 그리스도의 은총과
계시는 타종교 안에도 분명히 나타난다.[30] 종교전통 간의 차이는 이
러한 하나님의 사랑과 구원 의지가 서로 다른 방식으로 개념화되
고 주제화되어 나타난 결과일 뿐이다.[31]

그러나 그는 세계의 종교 전통들이 하나님의 구원 의지의 대상
이 되고 하나님을 향해 있다는 점에서 질적으로 동일하지만, 그 동
일한 익명의 계시와 신앙을 구체화하는데 있어서는 분명한 '정도
의 차이'가 존재한다고 밝힌다.[32] 어떤 종교는 다른 종교에 비해 이
에 대한 보다 분명한 개념과 이해를 가지고 있는 반면, 다른 종교
전통은 익명의 계시와 신앙에 대해 말하고 있기는 하나 구체적이
지 않은 모호한 상태에 머물러 있다는 것이다.

라너에 따르면 세계의 다양한 종교들 가운데 신의 보편적 구원의
지를 가장 완벽하게 설명한 종교가 바로 그리스도교이다. 그는 구
체적인 종교사 속에서 하나님에 대한 선험적인 경험의 몰이해와 참

---

28 길희성, 〈종교다원주의: 역사적 배경, 이론, 실천〉, 11.
29 Karl Rahner, *Foundations of Christian Faith*(London: Darton Longman & Todd, 1978), 52.
30 한인철, 《종교다원주의의 유형》, 32-33.
31 Karl Rahner, *Foundations of Christian Faith*, 52.
32 한인철, 《종교다원주의의 유형》, 35.

된 경험을 구분할 수 있는 궁극적 기준을 예수 그리스도에게서 찾고 있다.[33] 따라서 다른 종교들에 나타난 익명의 신앙은 그리스도교와의 만남에 기초할 때 더욱 완전하고 체계적으로 설명될 수 있다.

라너의 주장에서 명확하게 드러나는 것처럼 포괄주의는 타종교에 나타난 신앙과 계시를 인정하면서도 특정 종교가 여러 종교 중에서도 신의 보편적 구원 의지를 가장 완전하게 계시하고 있다는 우월주의적 입장을 고수하고 있다. 이는 다른 종교들은 자기 종교 안에서 완전해져야 하며 궁극적으로는 자기가 귀의하고 있는 참종교 안으로 흡수, 통합되어야 한다는 주장을 은폐하고 있는 것과 같다.[34] 최종적인 구원은 특정 종교를 통해서 이루어지고, 그 밖에서의 구원은 그 종교를 알 때까지 잠정적인 성격을 지닌다는 제국주의적인 주장을 펼치고 있는 것이다. 이는 결국 자신이 귀의하는 종교를 떠나서는 구원이 없다는 배타주의의 또 다른 형태에 지나지 않는다는 비판을 받고 있다.

다원주의Pluralism

다원주의는 배타주의와 포괄주의가 갖는 이상과 같은 문제점을 인식하면서 여러 종교 전통의 진리성을 인정하자는 입장을 취한다. 이들은 모든 종교는 역사적, 문화적 상대성을 띨 수밖에 없으므로 종교적 구원의 길 또한 다양하다고 본다. 따라서 우리는 특정

---

33 Karl Rahner, *Foundations of Christian Faith*, 157.
34 김경재, 〈종교적 갈등사회와 종교다원주의〉, 23.

한 종교적 규범을 바탕으로 타종교의 진리 유무를 판단할 수 없으며 오히려 상호 간 만남과 대화를 통해 자기 종교의 성숙과 발전을 적극적으로 추구해야 한다고 강조한다.

존 힉John Hick은 진리의 독점을 포기하고 모든 종교를 수평적 동일 선상에서 파악하는 다원주의 이론을 체계화한 대표적인 학자이다. 그는 모든 종교 전통들은 하나의 동일한 실재, 즉 하나님을 경험하고 인식하는 서로 다른 길이라고 본다. 힉은 역사적, 문화적 특징에 따라 각 종교가 실재를 경험하고 인식하는 관점은 달라도 그들이 추구하는 대상은 한결같이 동일한 실재라는 '실재 중심적 다원주의'를 주장하고 있다.

그에 따르면 세계의 여러 종교들은 실재에 대한 어떠한 경험이나 이해를 갖고 있지만 특정 종교의 실재 이해가 실재 자체를 대체하거나 그와 동일시 될 수 없다고 본다. 궁극적 실재에 대한 인간의 경험이나 이해는 항상 실재를 보는 인간의 관점에 의해 제한되기 때문이다. 다시 말해 모든 종교가 공통적으로 추구하는 실재는 어떠한 경우에도 실재 그 자체로 알려지는 경우는 없고 항상 인간

존 힉은 각 종교가 추구하는 대상은 한결같이 동일한 실재라는 '실재 중심적 다원주의'를 주장하고 있다.

에 의해 경험되고 해석되어진 실재로만 존재한다.

이렇듯 실재를 인식하는 방법은 문화적 차이에 따라 달라지기 때문에 실재에 대해서 추구하는 종교 전통들도 각기 상이할 수밖에 없다. 만약 실재가 그 자체로 인식될 수 있다면 실재에 대한 경험이나 이해도 궁극적으로는 하나일 것이고, 실재를 추구하는 종교 역시 하나일 것이다.[35] 그러나 우리가 실재를 바라보는 관점은 항상 상대적이고 제한적이다.

그런 관점에서 볼 때 우리는 종교와 종교 간에는 그 어떤 우열이나 열등의 개념이 성립될 수 없음을 깨닫게 된다. 왜냐하면 모든 종교는 실재의 한 부분을 비추는 서로 다른 길이기 때문이다. 어떤 종교도 완벽하게 실재를 인식할 수 없기 때문에 우리는 내가 귀의하는 종교만이 참되다는 배타적 진리주장을 펼칠 수 없다. 세계의 여러 종교 전통들은 타종교보다 우월하거나 열등한 진위의 차이가 없는 동등한 구원의 길들이다.

이렇듯 종교다원주의를 대표하는 힉은 모든 종교를 신에 이르는 서로 다른 길로 봄으로써 진리의 독점권을 과감히 포기한다. 그러나 그는 진리의 독점권을 포기하는 것이 결코 자신이 믿고 있는 신앙의 절대성을 약화시키거나 무력화하지 않는다고 밝힌다.[36] 다시 말해 타종교를 충분한 구원의 길을 포함하고 있는 진리 중 하나로 보는 생각이 나의 종교의 진리성에 대한 군건한 믿음과 상충되지 않는다는 것이다.

인간의 진리 인식의 불가피한 상대성에도 불구하고 세계의 여러

---

35 한인철,《종교다원주의의 유형》, 69.
36 한인철,《종교다원주의의 유형》, 94.

종교들은 여전히 자기 나름의 방식대로 실재를 인식하고 경험하는 독특한 길을 제시하고 있다.[37] 자기 종교가 제시하는 진리체험에 대한 심층적인 이해를 갖고 있는 신앙인은 다른 종교에 대한 우월감을 가질 필요를 느끼지 않으며 자기 정체성을 상실하지도 않는다.

나아가 힉은 실재에 대한 자신의 종교적 이해를 더욱 깊게 하기 위해서라도 다른 종교를 인정하는 다원주의적 태도가 요청된다고 본다. 모든 종교는 실재에 대한 한 측면만을 반사하고 있기 때문에 우리는 실재에 대해 응답하는 서로 다른 길인 타종교와의 진지한 만남을 통해 실재에 대한 자신의 이해를 더욱 풍부하게 할 수 있다.

이렇듯 다원주의는 인간의 실재 인식이 문화적, 역사적 패러다임에 따라 근원적으로 제한받고 영향받는다는 깊은 자각을 토대로, 특정한 종교 전통에 대한 배타적 진리 주장을 거부한다. 어느 종교도 실재 그 자체를 알 수 없으며 다만 주어진 문화적 전통에 따라 불완전하게 인식할 뿐이다. 따라서 다원주의는 각 종교들이 이러한 인식론적 한계를 수용하여 자기가 믿고 있는 종교만이 절대적인 진리라는 배타주의적 태도나 자기 종교 안으로 다른 종교들이 결국 흡수, 통일될 것이라는 포괄주의적 태도를 버릴 것을 촉구한다. 자기 종교의 한계를 명확히 인식하고 더 성숙한 실재 이해를 위하여 세계의 여러 종교들이 적극적으로 만나고 더욱 긴밀해질 것을 요구하고 있다.

---

37 길희성, 〈종교다원주의: 역사적 배경, 이론, 실천〉, 13.

다원주의에 대한 도전

자기가 믿는 종교 이외의 다른 종교들의 진리 인식과 구원의 길을 긍정하는 다원주의는 배타주의나 포괄주의적 태도에서 야기되는 종교 간 갈등과 반목을 극복할 수 있는 새로운 이해의 지평을 제시하고 있다는 점에서 중요한 가치를 지닌다. 그러나 한편으로 종교 다원주의는 많은 이론적, 실천적 과제를 안고 있는 것도 사실이다.

먼저 다원주의가 자신이 믿는 종교적 진리의 우월성을 포기하는 상대주의를 초래할 것이라는 비판이 제기되고 있다. 앞에서 논한 것처럼 다원주의자들은 인간이 역사적, 문화적 환경을 창조하는 존재인 동시에 이에 영향을 받는 제한된 존재라는 사실을 토대로 인간의 진리 인식의 상대성을 강조한다. 특정한 시대적 상황에 놓여 있는 모든 인간과 종교는 결코 궁극적 실재를 그 자체로 알 수 없으며 그 공동체가 제시하는 특수한 인식론적 패러다임에 의존하여 실재를 해석하고 파악한다는 것이다. 그러므로 세계의 어느 종교도 자신의 종교만이 완벽하게 실재를 체험하고 있다는 독점적 진리주장을 할 수 없다.

이렇듯 다원주의는 다른 종교 전통의 가치를 인정하기 위해 자기 종교가 갖고 있는 절대성마저도 포기해 버린다. 다시 말해 지구상에 자기 종교 외에도 참된 진리와 구원의 길을 제시하는 여러 종교가 있다는 입장을 취한다. 이는 결국 어떤 종교를 믿어도 상관없다는 종교적 상대주의로 귀결된다는 점에서 적절하지 않다는 지적이 있다.

뿐만 아니라 모든 종교에 구원의 길이 존재한다는 이해는 '구원' 이 갖는 궁극적 의미마저도 해소해 버려 사실상 구원 내지 종교 자체에 대한 무관심을 야기할 것이라는 비판도 존재한다. 구원에 대한 나름대로의 기준을 제시하지 않는 '무차별주의'는 구원의 문제, 나아가 종교적 삶에 대한 무관심의 문제로 이어진다는 것이다.[38]

다원주의의 수용 가능성과 그 정당성 여부에 대해서도 논란이 제기되고 있다. 일반적으로 종교는 절대적인 신념체계로 신봉자들에게 절대적인 헌신을 요구한다. 특정한 신앙을 믿는 사람들은 세계의 여러 종교 중에서도 자신의 종교가 진정한 진리와 구원의 길을 제시하고 있다는 확고한 믿음을 갖고 있다. 자기 종교의 우월적 진리성에 대한 신앙적 확신은 특정 종교에 대한 봉헌과 헌신, 포교에 대한 열정, 자기희생과 나눔, 이웃사랑의 실천 등을 가능하게 하는 중요한 신앙적 자원이 된다. 우리는 자신이 귀의하는 종교에 대한 확신한 믿음이 있기에 종교적으로 열정적이고 헌신적인 삶을 살아갈 수 있는 것이다.

그러나 자신의 종교가 실재를 비추는 여러 길들 가운데 하나라는 다원주의의 주장은 자신의 종교에 대한 헌신을 약화시킨다는 점에서 과연 수용될 수 있는가라는 의구심이 든다. 만약 타종교에도 충분한 구원의 길이 존재한다면 내가 굳이 특정 종교에 뜨거운 신심과 정열을 바쳐 헌신해야 할 이유가 있을까? 특히 한 하나님에 대한 신앙을 토대로 비교적 배타적인 교리를 고수하고 있는 유대교, 그리스도교, 이슬람교의 경우 더욱이 다원주의적 주장을 수용하기 어려운 것이 사실이다. 이렇듯 다원주의는 궁극적 관심인

---

38 김균진, 《기독교 신학》(서울: 연세대학교 출판부, 2009), 95.

종교의 특성상 쉽게 수용되기 힘들 뿐 아니라 자기 종교에 대한 헌신과 열정을 상실해 버릴 위험성이 존재한다는 점에서 그렇게 바람직하지도 않다는 비판을 받고 있다.

　다음으로 다원주의가 어떤 추상적인 실재 중심적 가치를 더 근원적으로 받아들이는 또 하나의 종교를 주장하고 있는 것은 아닌가라는 의문이 제기된다. 다원주의는 어느 종교도 완전하게 경험하고 파악하기 어려운 초월적 실재를 상정하고 이에 기초하여 모든 종교들을 상대화한다. 그런 점에서 볼 때 다원주의는 특정한 종교들을 초월하는 권위, 상위 질서로의 실재를 강조하는 새로운 종교를 만들고 있다는 지적을 받고 있다.[39]

　실제로 힉은 자기중심적인 삶에서 실재 중심적인 삶으로 변화할

다원주의는 어느 종교도 완전하게 경험하고 파악하기 어려운 초월적 실재를 상정하고 이에 기초하여 모든 종교들을 상대화한다.

39　길희성, 〈종교다원주의: 역사적 배경, 이론, 실천〉, 18.

것을 요청하고 있다. 그러나 특정한 종교적 관점을 넘어서 신비하고 추상적인 궁극적 실재의 관점에서 바라본다는 것은 평범한 신앙인들의 현실과는 상당한 거리가 있는 것이 사실이다.

이렇듯 다원주의는 타종교를 배제하고 멸시하는 배타적 태도에서 비롯된 갈등과 반목을 극복하기 위하여 여러 종교가 제시하는 구원의 패러다임을 인정하는 평화적 타자 이해를 시도하고 있지만 종교적 상대주의를 함축하고, 자기 종교에 대한 신앙을 약화시키며 세계의 여러 종교들을 초월하는 실재 중심의 또 다른 종교를 주장한다는 점에서 적절하지 않다는 비판을 받고 있다.

그러나 이러한 과제와 한계에도 불구하고 타종교에 대한 평화적 타자 이해를 시도하고 있는 다원주의는 배타적 선민사상과 종교적 우월주의에서 비롯된 갈등이 지구촌의 평화를 크게 위협하고 있는 현시대에 반드시 요청되는 사유임에 틀림없다. 경계와 차별을 가져오는 이분법적 사고의 배타성을 극복하지 않고서는 반복되는 갈등과 분쟁, 폭력으로부터 벗어나기 어렵기 때문이다.

결국 다종교 사회를 살아가는 우리에게 요청되는 과제는 종교 내적으로는 자기 종교에 대한 헌신을 잃지 않으면서도 종교 외적으로는 다른 종교의 진리 체험을 존중하며 서로 만날 수 있는 공존의 길을 찾는 일일 것이다. 종교 간의 무차별적인 동등을 강조하는 상대주의의 위험을 경계하며 자기가 귀의하는 신앙에 진지하고 성실하면서도 다른 종교에 나타난 하나님의 얼굴을 발견하고 서로 손을 맞잡을 때 진정한 종교 평화의 시대를 맞이할 수 있을 것이다.

2부

유일신 종교는 폭력적인가

1

유일신 종교와 평화

　유일신관을 가진 유대교, 그리스도교, 이슬람교는 지난 수천 년 간 세계사에 지대한 영향을 끼쳐왔으며, 지금도 세계 종교인구의 절반이 넘는 비율을 차지하고 있다. 신에게 부여받은 자신들의 소명에 대한 절대적 신념을 특징으로 하는 이 종교들은 그로 인해 초기에 박해와 탄압을 받기도 했으나, 인류 사회의 진화와 발전에 견인차 역할을 해왔다. 그러나 이들 종교가 해당 사회의 주류 종교가 되었을 때, 여타의 다른 종교들과 마찬가지로 질서와 평화 유지라는 미명아래 억압이나 폭력, 전쟁을 묵인하거나 정당화하기도 했다. 우상파괴, 마녀사냥, 중세의 십자군 전쟁 등에서 볼 수 있는 것처럼 내부의 다른 종교나 외부 집단을 이교도나 우상숭배자로 탄압하며 폭력을 휘두르기도 했다.[40]

---

40 차옥숭, 〈종교 다원주의의 도전과 3대 유일신교의 적응과 전개과정-그리스도교-〉, 《종교연구》제35집(2004), 32.

세계는 서구 그리스도교 세계와 아랍 이슬람 세계의 충돌을 세계평화를 위협하는 갈등의 큰 축으로 간주하게
되었다. 사진은 미국 9·11 테러장면.

이들 유일신 종교들은 이집트와 근동, 고대 그리스 로마 문명이
서로 교류한 고대 지중해 세계를 배경으로 당시 만연했던 전쟁과
폭력이 종식되는 평화와 구원을 염원하면서 등장했다. 세 종교 모
두 이상적 상태로 '평화'를 강조하고 저마다 평화의 종교임을 주장
하였다. 그런데 아이러니하게도 역사적으로 유대 그리스도교와 이
슬람교가 주축이 되어 전개된 지난 세계 역사에 대한 반성과 비판
속에서 이 종교들의 유일신관에 내재된 배타성과 폭력성에 대한
비판이 강하게 대두되고 있다.

특히 지난 세기 팔레스타인 지역에 이스라엘 국가가 수립된 이
래 첨예하게 계속되고 있는 갈등과 분쟁, 이라크 전쟁과 9·11테러,
최근 IS 문제 등을 목도하면서 세계는 서구 그리스도교 세계와 아
랍 이슬람 세계의 충돌을 세계평화를 위협하는 갈등의 큰 축으로
간주하게 되었던 것이다. 진지하고 균형 있게 접근한다면, 우리는

곧 이 문제가 표면적으로 드러나는 것처럼 폭력적 이슬람 과격단체들의 문제만은 아니라는 것을 알 수 있다. 그들을 악의 세력으로 규정하는 미국 개신교 근본주의자들도 흡사한 구조적 문제를 드러내고 있기 때문이다. 서구 그리스도교의 입장을 내면화한 우리는 "이른바 거룩한 전쟁의 이념을 일방적으로 이슬람 전통에 쉽게 떠넘기는 경향이 있다."[41] 그러나 유대 그리스도교 역사 속에서도 정당 전쟁론과 타자에 대한 폭력을 불사하는 근본주의적 신앙이 발전해왔음을 부인할 수 없다.

종교 근본주의의 공통적 특징은 과거 종교가 가졌던 사회적 영향력을 회복하려고 하며 그러한 목표를 위해서 폭력을 포함한 전략 전술을 광범위하게 사용한다는 점이다. 그들은 종종 폭력에 의지하면서, 우리가 지금 정상적인 시대에 살고 있지 않기 때문에 예외적인 조치가 필요하다는 주장으로 그 폭력을 정당화하기도 한다. 헌팅턴이 얘기했던 문명의 갈등이 최근 더 현저해지고 있지만, 공교롭게도 이러한 갈등과 충돌에서 신성한 논리를 제공하는 것은 두 종교 모두가 가진 강한 유일신 신앙이다. 이러한 상황은 종교, 특히 유일신 종교가 근대 세계 속에서 수많은 폭력과 갈등의 근원이라는 인식을 강화시키고 있다.[42]

그런데 세 유일신 종교는 각각의 역사적 맥락에서 초월적인 창조주이면서 역사를 주관하는 유일신 하나님에 대한 신앙을 바탕으

---

41 루드비히 하게만, 채수일 채해림 역, 《그리스도교 대 이슬람: 실패한 관계의 역사》 (서울: 심산, 2005), 50.
42 Gerrie ter Haar, "Religion: Source of Conflict or Resource for Peace?," Gerrie ter Haar and James J. Busttil, eds. *Bridge or Barrier: Religion Violence and Vision for Peace* (Leiden: Brill, 2005), 4-5 ; 김형민, 〈그리스도교의 폭력과 유일신 신앙〉, 《종교문화비평》제18집(2010), 137-139.

로 새로운 평화의 이상을 제시하면서 등장했다. 또한 신자와 불신자의 구별을 통해 또 다른 경계를 만들어냈음에도 불구하고, 오랜 역사 속에서 종족적, 국가적, 계급적, 구별을 넘어 보편적 평화의 세계를 추구해왔다. 그와 같은 사실을 생각해볼 때, 유일신 종교의 배타성과 폭력성은 '관용과 폭력', '평화와 폭력'의 역설적 양면이기도 하다.

평화를 추구하는 유일신 종교는 왜, 어떻게 폭력적인 현실에 연루되게 되는가? 종교가 평화보다는 갈등의 요인으로 비판받고 있는 상황에서 각 유일신 종교들은 과연 어떤 길을 선택해갈 것인가? 그러한 선택의 기로에 선 유일신 종교들은 어떤 난제와 어떤 평화의 경험과 유산들을 가지고 있는가? 유일신 종교 안에 잠재해 있는 평화의 힘과 억압과 폭력의 가능성을 더불어 검토하는 것은 현재 세계가 당면한 문제를 위해서도, 다종교, 다문화적 세계화가 현실로 다가온 이때 각 종교의 미래 전망을 위해서도 필요한 과제이다.

동일한 셈족 계통으로 구약성서의 아브라함 전통을 공유하고 있는 이 세 종교의 역사적 갈등과 최근 국제사회에서 유발되고 있는 분쟁은, 과연 요한 갈퉁이나 많은 비판적 논자들이 주장하는 것처럼, 근본적으로 초월적 유일신의 배타성과 유일신관에 내재된 이원론에서 기인하는 것인가? 다시 말해 유일신 신앙 자체가 타종교와의 평화로운 공존을 가로막고 있는 가장 큰 걸림돌인 것인가? 이에 대해 알아보기 위해 세 종교의 유일신 신앙과 평화사상의 관계를 살펴보고 그러한 평화사상이 역사적 전개과정에서 어떻게 나타났고 굴절되거나 변형되었는지 살펴보고자 한다.

유대교와 그리스도교, 이슬람교 전통은 인간과 세계의 현재 상태를 평화가 상실된 상태로 간주하며 평화가 회복된 이상적 상태를 지향하고 있다. 세 종교는 역사적으로 서로 대립하고 갈등해왔지만, 저마다 '평화'의 비전을 통해 세계사에 영향을 준 종교로 성장하였다. '평화'는 이 세 종교를 관통하는 말이기도 하다. 이 '평화'라는 공통의 키워드는 유일신 종교라는 공통분모와도 무관할 수 없을 것이다. 그렇다면 이들 유일신 종교들이 가진 '평화의 종교'라는 자기 이해, 그리고 평화의 종교로 성장하게 된 종교적 동력을 정당하게 고려하지 않고 유일신 신앙의 배타적 폭력성만을 비판하는 것은 성급한 태도이며 부분적인 이해일 것이다.

따라서 이 장에서는 먼저 유대교와 그리스도교 전통 속에서의 평화의 의미, 평화적 사상의 전개와 그 실천적 노력을 살펴본다. 또한 그럼에도 불구하고 역사 속에서 현상적으로 나타난 것처럼 유일신 종교들이 폭력의 장치가 되거나 평화의 장애물로 작용할 때 어떤 측면들이 강하게 작동하게 되는지도 검토하게 될 것이다. 유일신 신앙이 평화론에 미친 긍정적인 영향과 부정적 영향 중 어느 하나만을 강조하기보다는 그 양면을 모두 진지하게 살펴야 한다.

특히 유대교, 그리스도교, 이슬람교가 비록 다르게 표현하고 있지만 사랑과 정의의 신인 한 하나님을 신앙하고 있으므로, 하나님의 사랑과 정의를 바탕으로 한 종교적인 평화 개념을 이해하는 것은 매우 중요하다. 그러한 개념이 거룩한 전쟁聖戰 및 정당 전쟁 논리와 어떤 식으로 연관되곤 했는지 파악하는 것도 피할 수 없는 쟁점이다. 그것은 평화주의를 지향하는 입장에서 볼 때, 매우 다루기 힘든 까다로운 문제였다. 따라서 유일신 종교 내부에서 작동하고 실제로 현실화되어온 성전과 정당 전쟁의 잠재성에 대한 몇 가지 반응의 양상이 있다.

첫째, 경전이나 종교사에 드러난 성스러운 전쟁에 대해 회피하거나 침묵하는 이들이 있다. 마치 그러한 폭력적인 부분은 자기 종교와 무관한 것인 것처럼 눈을 감아버리는 것이다. 이는 자기 종교 전통을 온전하게 대면하고 이해하는 태도라고 볼 수 없다.

둘째, 폭력이나 배타성을 신의 의지와 뜻으로 간주하면서 성전을 맹목적으로 정당화하는 경우가 있다. 중세의 마녀사냥이나 십자군 전쟁, 현재 이슬람 근본주의를 등에 업은 무장 테러 단체에게서 발견되는 태도로서 종교를 이데올로기로 이용하려는 입장이다.

셋째, 종교의 경전에 나타난 폭력적 묘사를 역사적 사실 자체가 아니라 일종의 상징으로 보고 알레고리적으로만 이해하려는 입장도 존재한다. 이러한 태도는 경전의 거룩한 전쟁 모티브를 현재 요청되는 평화의 틀에 적합하게 해석할 수 있으나 성전 모티브에 내재된 종교적 힘은 간과한다.

그러나 종교의 잠재된 폭력성과 현실화된 폭력 사례에 대한 회피나 침묵, 맹목적인 정당화, 알레고리적 이해 등과 같은 방식들은 평화를 절실히 요청하는 오늘날 지구촌의 현실 속에서 이 세 종교가 직면하고 있는 도전과 과제에 대한 대응으로는 불충분해 보인다. 유일신 종교가 배타적 이원론과 절대적 진리주장으로 인해 물리적 폭력을 정당화하고 문화적 폭력의 수단이 되고 있으며 현대 다종교상황이 요청하는 다원주의와 상대주의, 관용의 정신과 조화

를 이루지 못한다는 비판과 도전에 유일신 신앙과 그에 입각한 평
화주의는 어떻게 대응할 수 있을까?

먼저 유일신 종교들은 평화에 대한 추구가 강제와 폭력의 양상
으로 나타났던 과거의 역사와 기억을 정면으로 응시하고 정직하게
소화해 낼 필요가 있을 것이다. 뿐만 아니라 이러한 종교 전통이
그 신자들이 경험하는 현실 속에서 직면하는 악과 싸울 수 있는 상
징적 수단을 가지고 있다는 것도 잊지 말아야 한다. 서로 다른 종
교 구성원 간의 실제 폭력적 대치를 피하기 위해서 어떻게 이러한
자원을 이용할 수 있는가를 숙고하는 것은 오늘날 많은 다원적 사
회 속에서 종교 공동체의 창조적 발전을 위해서 매우 중요한 문제
일 것이다.[43]

이제 유대교와 그리스도교가 다신교적 성격이 지배적이었던 근
동과 지중해 세계에 유일신 신앙을 중심한 창조적 종교사상으로
등장할 때 호소력을 발휘했던 평화 개념의 성격이 무엇이고, 그것
이 어떻게 발전하고 어떤 한계에 직면했으며 여전히 어떤 가능성
을 가지고 있는지 살펴보자.

---

43 Gerrie ter Haar, "Religion: Source of Conflict or Resource for Peace?", 14.

2

유대교의
평화사상과 그 전개

히브리 성서에 나타난 '샬롬'

평화를 뜻하는 히브리어 '샬롬'은 무엇인가 결여되거나 손상되어 있지 않은 건전(건강)하고 충족(충만)한 상태를 말한다. 단순히 육체적 평안이나 정신적인 안정 상태만이 아니라 인간의 모든 영역에서 구체성을 띠는 복된 상태를 나타낸 개념이다.[44]

고대 지중해 세계에서 억압받던 떠돌이 민족이었던 히브리인들에게 이러한 '샬롬Salom', 즉 평화는 그들에게 박탈되어 있었던 평안, 안정, 번영, 휴식 등에 대한 절실한 염원을 담고 있다. 많은 구약학자들이 지적하는 것처럼, 위와 같은 '샬롬salom'의 포괄적인 의미가 형성된 바탕에는 초기 야훼이즘의 평화 이해가 있다. 샬롬은 고대 히브리인들이 자신을 선택하고 구원한 야훼 하나님과의 관계

---

44 가스펠 서브, 〈평화〉, 《라이프성경사전》(서울: 생명의 말씀사, 2006).

속에서 발견한 총체적 구원의 상태를 가리키는 것이다. 그뿐 아니라 현재까지도 유대인이 주고받는 일상적인 인사말로 쓰일 만큼, 유대 사회가 희구하는 가치이기도 하다.

따라서 성서의 평화(샬롬)는 고대 그리스의 '에이레네Eirene'나 로마인들의 팍스Pax와는 근본적으로 다른 면이 있다. 물론 칠십인 역성서LXX[45]에서 샬롬은 '에이레네'로 번역되고 라틴어 성서에서는 팍스Pax로 주로 번역되었다. 그러나 그리스어에서 평화를 의미하는 '에이레네'는 일차적으로 그리스 도시국가Polis 간의 정치적이고 협약적 평화를 의미하며, 라틴어 '팍스'는 팍스 로마나Pax Romana, 즉 로마제국의 무력과 정복, 즉 힘에 의한 평화를 의미이기 때문이다.[46] 헬레니즘과 헤브라이즘이 합류하여 이룬 서구 그리스도교 세계에서 신구약 성서와 그리스 로마의 평화사상도 융합되었음으로, 이후 역사 속에서 '평화'는 더욱 복합적 의미를 띠어 왔다. 그러나 이후의 혼재된 의미에 앞서, 현재 우리말로 모두 '평화'라고 풀이되는 말들이 서로 다른 언어와 경험의 맥락에서 각각 어떤 의미를 지녔었는지 그 결을 구분해볼 필요가 있다. 그러한 평화 개념과 사상에 대한 분석은 왜 모두가 평화를 이야기하지만, 서로 평화롭지 못하며 어긋나는지를 이해하는 데 도움이 될 수 있을 것이다.

히브리인들의 역사와 신앙, 믿음과 종교적, 사회적 실천이 오롯이 담겨있는 히브리 성서에서 평화, 즉 '샬롬'은 매우 다양한 의미망을 가진다. 히브리어 Salem(충만한)에서 파생된 '샬롬'의 원 말뜻은 완성, 완전이다. 샬롬은 무엇보다도 야훼 하나님과 이스라엘

---

45 기원전 3세기경에 알렉산드리아에서 그리스어 정통한 72인의 유대인 학자들에 의해 코이네 그리스어로 번역되거나 집필된 구약성경(히브리 성서).
46 박충구,《종교의 두 얼굴: 평화와 폭력》(서울: 홍성사, 2013), 55.

민족의 언약이 완전하게 지켜지고 있는 상태, 이스라엘 민족 공동체의 조화로운 사회적 관계를 의미한다. 그러나 구체적으로 화친이나 동맹으로 전쟁과 갈등이 종식된 국가 간의 평화(수 9:15, 왕상 20:18, 시 133:1)나 일상적인 건강이나 안식(시 38:3)에도 쓰인다. 또한 불의한 자들이 말하는 외관상의 평화, 거짓평화를 비판하는 구절, 그러한 거짓평화가 아니라 최후의 날 메시아의 도래와 함께 시작될 종말론적 평화로서 참되고 완전한 평화를 희구하는 구절도 있다.

그러나 이를 크게 구분한다면, 종교적이고 구원론적인 평화, 공동체적이고 사회정의적 평화로 묶어 설명할 수 있다.

종교적, 구원론적 평화

흥미롭게도 히브리 성서와 유대교에서 '평화'를 뜻하는 샬롬은 전쟁의 대립 개념이 아니다. 그리스 로마적인 평화 개념은 전쟁이나 분쟁, 갈등이 정치적 타협이나 협정, 승전과 정복에 의해 일단락된 상태라면, 유대교의 샬롬은 신의 정의와 사랑에 의해 혼돈과 무질서로부터 벗어난 구원의 상태를 의미하는 훨씬 더 종교적인 차원과 연결되어 있다. 모세에게 나타나신 하나님이 이스라엘 백성들을 위해 복을 비는 제사장들에게 알려준 아래의 간결한 기도문에도 하나님이 주시는 평화의 의미가 확연히 보인다.

"주님께서 당신들에게 복을 주시고 당신들을 지켜 주시며 주님께서 당신들을 밝은 얼굴로 대하시고 당신들에게 은혜를 베푸시며 주님께서 당신들을 고이 보시어서 당신들에게 평화주시기를 빕니다."[47]

---

47 민수기 6: 24-26. 표준 새 번역.

말하자면 샬롬은 고대 이스라엘 사람들이 고난의 역사 속에서 그러한 현실을 넘어설 수 있게 희구했던 하나님의 은혜와 복의 결정체이다. "궁극적으로는 역사에 개입하시는 하나님의 섭리 Providence를 통해 성취되는 종말론적 희망을 담아내던 말"이다.

그런데 성서에는 이러한 샬롬의 이상과 신의 정의로운 분노, 그것이 초래하는 의로운 전쟁이나 폭력이 공존한다. 하나님은 "재앙이 아니라 번영", "미래에 대한 희망"(예레미아 29:11)을 주시는 분으로 묘사되지만, 성서에는 다음과 같은 부분도 적지 않게 발견된다.

"나는 주다. 나 밖에 다른 이가 없다. 나는 빛도 만들고 어둠도 창조하며, 평안도 주고 재앙도 일으킨다. 나 주가 이 모든 일을 한다."[48]

히브리 성서의 하나님은 평안도 주지만 재앙도 내릴 수 있는 신이다. 하나님의 분노와 관련되는 '거룩한 전쟁'은 샬롬으로서의 평화와 모순적인 것으로 배제되지는 않는다. 하나님은 율법을 주시고 그것을 어기는 것에서 대해서는 의로운 분노를 보이는 분이기 때문이다. 성서와 유대교의 평화이해 속에서 자기방어, 해방, 독립 등과 관련된 전쟁은 폭력이나 고통, 갈등과 같은 부정적 가치가 아니라, 오히려 신이 부여한 윤리와 정의의 기준에 근거한 사회 공동체적 균형화의 과정으로 간주될 수 있는 것이다. 유대 민족을 부르신 하나님은 신음 속에 종살이하던 그들을 해방하셨고, 그들에게 가나안 복지를 약속했으며, 범죄한 소돔과 고모라를 멸하셨다.[49]

---

48 이사야 45: 6-7. 표준 새 번역.
49 Moshe Cohen, "War and Peace in Judaism and Islam" *Israel Affairs* vol. 19. no. 4(2013). 679-680.

히브리 성서의 다음과 같은 구절들은 평화하면 곧 전쟁, 폭력의 반대를 떠올리는 일반적인 폭력에 대한 감각에는 낯설기 그지없다. 모세가 계명을 받으러 시내 산에 간 사이 황금으로 우상을 만들어 숭배한 이스라엘 민족에 대하여 야훼가 멸절을 명한 부분이다.

"모세는 진 어귀에 서서 외쳤다. '누구든지 주님의 편에 설 사람은 나에게 나아 오십시오', 그러자 레위의 자손들이 모두 그에게로 모였다. 그가 또 그들에게 말하였다. '이스라엘의 주 하나님이 이르시기를「너희는 각기 허리에 칼을 차고 진의 이 문에서 저 문을 오가며 저마다 자기의 친족과 친구와 이웃을 닥치는 대로 찔러 죽여라」고 하십니다. 레위 자손이 모세의 말대로 하니, 바로 그날, 백성 가운데서 어림잡아 삼천 명쯤 죽었다."[50]

다음은 안식일에 일을 한 사람에 대한 처결을 묘사한 부분이다.

"이스라엘 자손이 광야에 있을 때였다. 한 사람이 안식에 나무를 하다 들켰다. 나무하는 이를 본 사람들은 그를 모세와 아론과 온 회중에게로 데리고 갔다. 그에게 어떻게 하여야 한다는 명확한 설명이 없었기 때문에, 그들은 그를 그냥 가두었다. 그 때에 주님께서 모세에게 말씀하셨다. '그 사람은 반드시 죽여야 한다. 온 회중은 진 밖에서 그를 돌로 쳐야 한다.' 그래서 온 회중은, 주님께서 모세에게 명하신 대로, 그를 진 밖으로 끌어내어, 돌로 쳐 죽였다."[51]

이와 같이 야훼 하나님은 이스라엘 민족과 맺은 '거룩한 약속'인 율법을 어긴 이들을 엄격히 단죄한다. 그것이 신과 유대민족 사이의 거룩한 계약이 가져다줄 평화를 위협하는 것이기 때문이다. 영토도 없이 유리하는 이스라엘 민족을 묶어주고 그들에게 약속의

---

50 출애굽기 32: 26-28. 표준 새 번역.
51 민수기 15: 32-36.

땅에서의 안식과 평화, 축복에 대한 희망을 준 것은 오직 야훼 하나님과의 평화의 언약에 있었던 것이다.

평화를 위한 이러한 야훼 신의 분노는 모세의 출애굽 상황에서 이스라엘 민족의 탈출을 막으려 한 이집트와 파라오에게 내린 재앙, 이스라엘 민족에게 약속의 땅을 주신 하느님의 뜻을 실현하는 과정에서 일어난 가나안(현재의 팔레스타인 지역) 정복 전쟁에서 이스라엘에 대한 신의 섭리를 막는 이방인에 대한 폭력으로 나타나기도 한다.

유대교의 역사와 종교적 경험 속에서 이러한 폭력은 진정한 평화를 주시는 하나님에 의한 의로운 전쟁, 거룩한 전쟁이다. 신의 은혜와 사랑의 결과인 평화의 과정에서 신성한 전쟁이 수행되기도 하는 것이다. 평화는 전쟁이나 폭력의 반대라는 피상적 이해만으로는 이러한 유대교의 평화를 온전히 파악할 수 없다. 세속화시대 이후의 감수성을 가진 현대인들의 인간 중심적 평화론과 유대교의 평화이해가 근본적으로 그 출발선이 다르기 때문이다.

요컨대 히브리 성서의 샬롬은 무엇보다도 유대인들의 야훼 하나님 신앙에 기반을 둔 종교적, 구원론적 의미를 가진다. 즉 유대인들에게 샬롬은 이상적인 구원의 총체적 상태를 의미하며, 그러한 평화의 진정한 주체는 '나는 나다, 나는 스스로 있는 자다'라고 모세에게 자신을 계시한 유일신 야훼 하나님이다. 평화는 사랑과 정의를 실현하는 신의 주권적 행위의 결과인 것이다. 히브리 성서에 드러난 평화의 원형은 바로 출애굽의 역사적 사건을 통해 노예 처지에 놓여 고통받던 이스라엘 민족을 부르고 이끌어내어 구원하신 야훼 하나님의 행위였다.

유대교의 평화는 하나님으로부터 오
며, 하나님의 율법을 지키는 것으로
유지되는 것이었다. 그림은 필립 드
샹페뉴의 〈십계명을 소개하는 모세〉.

　도시국가를 중심으로 고대 문명을 꽃피운 지중해 세계에서 자
기 땅이 없이 떠돌고 다른 민족에게 붙여 살다가 종살이하던 유대
민족에게는 출애굽 사건을 통해 계시된 하느님의 자비와 정의, 하
나님의 거룩한 주권이야말로 평화의 원천이었다. 그러한 하나님의
자비로운 정의를 통해 억압과 고통, 기아에서 벗어난 이상적 상태
로 평화가 시작되었기 때문이다. 이스라엘 민족의 평화에 대한 이
러한 원 경험과 근원적인 평화 이해에 따르면, 평화는 하나님으로
부터 시작되는 것이며, 율법을 지키는 하나님과의 의로운 관계로
부터 오는 것이다.

공동체적, 사회정의적 평화

하나님과 이스라엘 민족의 의로운 관계는 '평화의 언약'(이사야 54:10)을 통해 수립되었다. 하나님으로부터 시작된 평화는 평화의 언약(계약, Testament)에서 받은 율법을 거룩하게 지키는 것을 통해 견지된다. 평화를 유지하기 위해서는 평화의 언약을 지킬 의무가 있는 것이다. 그러한 의무의 주체는 히브리 성서에서 특정한 개인이 아니라 기본적으로는 이스라엘 민족, 즉 공동체이다.

이스라엘 민족이 이해한 평화는 야훼 하나님과 맺은 계약 관계에 기초한다. 그러한 계약 법전에서 특징적인 것 중의 하나가 "약자들에 대한 보호법(출애굽기 22:20-27)과 사회정의, 복지와 관한 법(출애굽기 23:1-13)이다." 이스라엘을 억압상태에서 해방하고, 가난한 자와 과부와 고아와 나그네의 편을 드시는 하나님은 창조세계를 긍정하는 동시에 약자를 향해 깊은 동정과 자비를 보이시는 분인 것이다.[52] 따라서 하나님과 평화의 계약을 맺은 유대 공동체도 그러한 자비와 정의의 공동체를 이루어야 한다.

유대교의 샬롬 개념에서 중요한 두 번째 차원은 바로 공동체적이고 사회적인 의미에서의 평화 이해이다. 히브리 성서에 나타난 평화는 개인 내면의 평화에 앞서 공동체적이고 사회적인 평화이다. 앞서 말했던 참된 평화의 주인인 하나님의 주권을 인식하고 그에 합당한 예배를 드리며, 하나님이 택하신 유대민족과 맺은 언약에서 주신 계명대로 '자비와 정의의 공동체'를 실현하는 것이 바로 유대교적 맥락의 평화인 것이다.

---

52 박충구,《종교의 두 얼굴: 평화와 폭력》, 56-57.

"너희는 너희에게 몸 붙여 사는 나그네를 학대하거나 억압해서는 안 된다. 너희도 이집트 땅에서 몸 붙여 살던 나그네였다. 너희는 과부나 고아를 괴롭히면 안 된다. 너희가 그들을 괴롭혀서, 그들이 나에게 부르짖으면, 나는 반드시 그들의 부르짖음을 들어 주겠다. 나는 분노를 터뜨려서 너희를 칼로 죽이겠다. 그렇게 되면 너희 아내는 과부가 될 것이며, 너희들은 고아가 될 것이다. 너희가 너희 가운데서 가난하게 사는 나의 백성에게 돈을 꾸어 주었으면, 너희는 그에게 빚쟁이처럼 재촉해서도 안 되고 이자를 받아서도 안 된다. 너희가 정녕 너희 이웃에게서 겉옷을 담보로 잡거든, 해가 지기 전에 그에게 돌려주어야 한다. 그가 덮을 것이라고는 오직 그것뿐이다. 몸을 가릴 것이라고는 그것밖에 없는데, 그가 무엇을 덮고 자겠느냐? 그가 나에게 부르짖으면 자애로운 나는 들어주지 않을 수 없다."[53]

히브리 성서에 나타난 이러한 평화의 계약에 기반한 공동체적인 샬롬은 독특한 '사회정의적' 성격을 띠고 있다. 이스라엘 민족과 계약을 맺은 신은 약자의 부르짖음을 들으시는 분으로, 이스라엘 민족에게 그들도 한때는 나그네였고 떠돌이였음을 기억하라고 명하시기 때문이다. 종살이하던 유대민족을 구원하고 해방한 하나님이 샬롬의 계약을 맺으며 내린 율법과 축복은 율법을 지키는 유대민족의 보호와 안전에 대한 약속이며 동시에 유대 공동체 안에 나아가 이방인들에게도 샬롬을 실현하라는 사회정의적 명령이었다. 샬롬Shalom은 정의Tsdaqah 개념과 밀접한 관계가 있고(이사야 48:18, 시편 85:11), 법, 재판과 같은 구체적인 개념과 결합(스가랴 8:16) 되기도 한다. 즉 샬롬은 개인적인 것을 훨씬 뛰어넘어 사회적, 공적 성격을 지니며, 이스라엘의 정치적 대망과도 연결된다. [54]

---

53 출애굽기 22: 21-27. 표준 새 번역.
54 H. Beck, 〈平和: 聖書言語辭典〉《기독교사상》 통권 제320호(1985), 80.

후대 헬레니즘의 영향을 받은 요세푸스는 이러한 샬롬을 외적 유혹에 흔들리지 않는 내적 평온이나 실존적 평화로 해석하기도 한다. 그러나 지중해 문화권에서 유일신 신앙을 발전시킨 유대민족의 평화 개념은 무엇보다도 과부와 고아와 같은 약자, 억압받고 가난한 사람 등 사회적 약자를 구원하고 해방하며, 생존권을 보호하는 공의가 실현된 상태였다. 히브리인들이 바로 그러한 억압받고 가난하며 사회적으로 박탈된 자들이었기 때문이다.

이렇듯 히브리 성서의 샬롬은 구원과 평화를 염원하는 개인의 실존부터 사회적 존재로서의 인간, 그리고 하나님과의 관계에 놓여 있는 모든 피조물까지 아우를 수 있는 포괄적 개념이며 총체적인 구원을 의미한다.[55]

유대역사의 전개와 평화사상의 발전

앞서 보았듯이 히브리 성서의 평화관은 출애굽 사건 그리고 유대민족과 야훼 하나님의 계약을 원형적 경험으로 해서 형성되었다. 유대 역사와 토라 해석을 통한 유대교의 발전 속에서 이러한 평화사상이 어떻게 전개되어 갔는지 알아보자.

유대민족과 야훼 하나님의 계약에 의해 수립된 '샬롬'사상은 사사시대와 통일왕국시대, 남북왕조 분열시대를 거치면서 위기를 맞는다. 사사시대와 통일왕국시대, 남북왕조분열시대를 거치면서 하나님의 사랑과 정의가 실현된 신적 축복으로 주어지는 '평화' 개

---

55 박충구, 《종교의 누 얼굴: 평화와 폭력》, 55.

넘이 왕권의 도구이자 이데올로기로 악용되며 자비와 정의의 신적 균형을 잃어버리게 되었기 때문이다.

통일왕국 수립 후 바로 분열된 남조 유대와 북조 이스라엘의 왕들은 권력과 탐욕에 취해, 야훼 하나님에 대한 철저한 신앙과 샬롬 계약을 저버렸다. 그들은 이스라엘 공동체 안에 참된 평화를 실현하기보다는 스스로 법이 되어 전권과 횡포를 일삼았다. 뿐만 아니라 그러한 상황을 평화롭다고 아첨하는 궁전신학과 거짓 예언자들이 득세하였다.

예언자들의 참된 평화에 대한 호소

이처럼 통일왕국과 남북 왕조 시대를 거치면서 이스라엘의 평화(샬롬)는 위태로워진다. 이 시기에 "왕권과 결부된 궁전 신학, 혹은 성전 신학은 하나님의 평화를 이스라엘 왕국의 평화와 동일시하면서 하나님의 이름으로 국수주의적인 전쟁을 통해 평화를 이루어나갈 수 있다는 사고를 발전시켰다." 신적 평화를 이스라엘 국가의 평화, 왕의 평화와 동일시한 결과였다.[56] 그러한 시대를 배경으로 예레미아, 이사야, 호세아와 같은 예언자들이 등장한다. 예언서는 토라와 함께 유대교의 평화사상을 엿볼 수 있는 히브리 성서의 핵심적인 부분이다.[57]

남북 왕조 시대에는 많은 예언자들이 등장해 왕의 타락과 탐욕, 우상숭배를 비판하고 거짓과 위선, 탐욕이 판치는 이스라엘 공동체 전체의 회개를 촉구하였다. 또한 왕권의 이데올로기로 변질된

---

56 박충구, 《종교의 두 얼굴: 평화와 폭력》, 68.
57 히브리 성서는 타나크TANAK라고 부른다. 타나크는 히브리 성서를 구성하는 세 요소인 토라(모세오경), 예언서(느비임), 성문서(케투빔)을 지시하는 말이다.

거짓평화와 그에 아첨하는 거짓 예언자들을 비판하면서 평화의 주인인 하나님에 대한 신앙으로 돌아가 참된 평화를 회복할 것을 외쳤다.

"이는 그들이 가장 작은 자로부터 큰 자까지 다 탐욕을 부리며 선지자로부터 제사장까지 다 거짓을 행함이라. 그들이 내 백성의 상처를 가볍게 여기면서 말하기를 평강하다 평강하다 하나 평강이 없도다"[58]

특히 예레미아는 하나님과 맺은 평화의 계약을 잊고 서로 속이며 불의한 이익을 탐하는 이스라엘 백성을 보고 불의와 거짓이 넘치는 사회에는 하나님의 평화가 주어질 수 없다고 역설했다. 그는

예레미아는 왕권의 이데올로기로 변질된 거짓평화와 그에 아첨하는 거짓 예언자들을 비판하면서 참된 평화의 주인인 유일신(하나님)에 대한 신앙과 참된 평화의 회복을 외쳤다. 그림은 렘브란트의 〈예루살렘의 파괴를 슬퍼하는 예레미아〉.

58 예레미아 6장 13-14절, 개역개정 성경.

"입으로는 서로 평화를 이야기하지만 마음속으로 해칠 생각을 품고 있는"거짓과 위선이 판을 치는 세상에 대해 정직과 정의, 사랑을 회복하고 평화의 계약으로 돌아가 하나님과의 평화를 되찾아야 한다고 외쳤던 것이다.

또한 아시리아와 바빌론 제국에 의해 유대국가가 복속되고 민족이 포로가 된 더 암울한 고난의 시기에 나타난 후기 예언자들은 역설적으로 보편적 평화사상을 발전시켰다. 특히 미가와 제 2이사야는 이스라엘 민족의 소명을 야훼의 평화를 만방에 전할 평화의 종으로 인식하고 이스라엘 공동체 내부에 국한된 샬롬 이해를 전 세계적 차원으로 확대하였다.

메시아 대망과 종말론적 평화사상의 발전

이스라엘 민족 내부의 분열과 민족적 고난의 심화 속에서 최종적 파국에 대한 묵시주의적 환상과 새 하늘과 새 땅을 통해 야훼 하나님의 평화를 회복시킬 메시아적 존재, 평화의 왕을 대망하는 신앙이 형성되게 된다.

"주님께서 민족들 사이의 분쟁을 해결하시고, 원근 각처에 있는 열강들 사이의 갈등을 해결하실 것이니, 나라마다 칼을 쳐서 보습을 만들고 창을 쳐서 낫을 만들 것이며, 나라와 나라가 칼을 들고 서로를 치지 않을 것이며, 다시는 군사 훈련도 하지 않을 것이다. 사람마다 자기 포도나무와 무화과나무 아래 앉아서, 평화롭게 살 것이다. 사람마다 아무런 위협도 받지 않으면서 살 것이다. 이것은 만군의 주님께서 약속하신 것이다."[59]

---

59 미가서 4: 3-4. 표준 새 번역.

마찬가지로 이사야서 2장 4절도 메시아적 평화를 묘사한다. 오실 주님, 즉 메시아는 바로 샬롬, 구원의 약속으로의 평화를 회복시킬 신적 권능을 가지고 오는 존재로 묘사되고 있다. 이사야와 미가는 메시아의 도래에 의한 샬롬의 시대를 예언한다. 칼과 무기, 즉 무력과 전쟁에 의한 평화를 거부하고 하나님의 근원적 평화의 비전을 제시하고 있는 것이다. 성서를 '샬롬의 신학'으로 보고 평화의 윤리와 영성을 발견하고자 하는 이들은 잔인한 전쟁신으로 묘사되기도 하는 야훼신의 영웅신적 측면을 왕권을 정당화하는 궁전신학, 제국주의적 승리주의로 비판하면서 이와 같은 후기 예언서의 평화주의를 강조한다.[60]

완전한 평화는 메시아의 도래와 함께 오게 되리라는 종말론적 평화사상의 발전은 메시아가 도래하는 날, 하나님의 평화가 시온에서부터 온 세계로 흘러갈 것이라는 믿음으로 심화되었다. 전쟁의 상징인 말이 아니라 평화의 상징인 나귀를 타고 오는 메시아에 의해 도래하는 종말론적 샬롬의 시대는 사자들이 어린양과 뛰노는 낙원의 평화로운 상태, 총칼을 녹여 보습을 만들고 모든 전쟁이 종식되어 이방인에게도 평화가 약속되는 상태로 묘사되고 있는 것이다. 따라서 유대교의 종말론적 평화는 하나님과 인간, 인간과 인간, 유대민족과 이방인, 인간과 자연 사이의 상호관계 속에서의 총체적인 화해로 이해되고 있다.

---

60 박충구, 《종교의 두 얼굴: 평화와 폭력》, 70-71.

랍비 유대교[61]의 평화주의적 해석

예루살렘 파괴 이후에 성전과 제사장 중심의 유대교가 힘을 잃고 디아스포라 유대 공동체의 회당을 중심으로 토라와 탈무드를 집성한 랍비 유대교Rabbinic Judaism가 발전하게 된다. 유대인들이 흩어져 살게 된 새로운 각양각색의 삶의 자리에서 생기는 문제에 대한 토라 주석과 해석을 발전시킨 랍비 유대교는 전쟁이나 갈등보다는 유럽 내에서의 생존 혹은 평화로운 공존을 추구하였다. 따라서 가나안 정복전쟁이 묘사된 〈여호수아〉, 〈신명기〉 등을 새롭게 해석하면서 신적 정의의 실현으로서의 의로운 전쟁 개념을 평화주의적 사상과 조화시키고자 노력하였다.

히브리 성서에는 전쟁을 이끌고 승리를 약속하는 하나님과 평화와 자비를 보이고 약속하는 하나님이 나란히 등장한다. 그런데 그들이 처한 시대적 맥락에서 평화주의적 요청이 커지자 전쟁의 하나님, 분노를 보이고 살육을 명령하는 하나님과 평화의 하나님을 조화시키는 신학적 문제가 크게 제기된 것이다. 따라서 랍비들은 야훼의 전쟁신적 측면을 보여주는 성서 구절들은 주석학적 노력을 통해 세밀하게 구분하고 신학적으로 재해석했다. 그 일례가 히브리 성서에 묘사된 전쟁을 의로운(거룩한) 전쟁과 선택적으로 허용된 전쟁의 두 가지로 구분한 것이다.

---

61 기원후 70년 예루살렘 성전파괴 이후 제사장이 아니라 토라에 정통한 랍비들이 주축이 된 랍비 유대교Rabbinic Judaism가 3~6세기 동안 성립되었다. 이 시기에 히브리 성경의 마소라 본문Masoretic Text과 유대교의 율법, 윤리, 철학, 관습 및 역사 등에 대한 랍비들의 토론을 담은 탈무드가 편찬 또는 성립되었다. 랍비 유대교는 히브리 성경의 텍스트들은 현존하는 모습으로 개정하고 텍스트들의 정경화를 마무리하여, 성전 제사가 불가능해진 상황에서 토라와 탈무드를 중심으로 전 세계로 흩어진 유대인들의 공통된 신앙과 생활양식을 제시하여 중세 유대교와 현대 유대교의 기틀을 마련했다.

이에 따르면 첫째, 의로운 전쟁은 신적 명령에 의한 거룩한 전쟁으로 평화를 주시려는 신적 의지의 표현이다. 랍비들은 이를 '의무에 의한 전쟁duty bound war, milhemet mitzva'이라고 하여 이익이나 권력을 추구하는 여타의 다른 전쟁과 구분하고자 하였다. 여호수아의 가나안 정복전쟁이 바로 그러한 신적 명령에 따르는 의무에 의해 수행된 의로운 전쟁으로 분류되었다.

둘째, '선택적으로 허용된 전쟁'으로 이스라엘 왕들이 정치적 경제적 목적을 위해 벌인 전쟁이다. 이는 이스라엘 국가의 번영을 위한 것으로 선택적으로 용인되었는데, 솔로몬과 다윗이 주변국들과 벌인 전쟁은 이에 해당한다. 그러나 정치적 경제적 이념적 수단으로서 선택적으로 정당화된 이러한 전쟁은 유대교의 이상적 평화 개념과 관련된 '의로운 전쟁'과는 동일시될 수 없다고 본 것이다.[62]

이와 같이 하나님의 의지가 거룩한 전쟁을 통해 나타나는 부분이 있고 때로 전쟁이 불가피하게 용인되는 경우가 있음에도 불구하고, 후자와 전자를 분명히 구분함으로써 양자가 뒤섞이는 폐해를 막고자 했다. 랍비 문헌은 히브리 성서 안에서 평화가 진리, 정의, 자비와 함께 유대교의 핵심적인 가치임을 강조하고자 했던 것이다. 따라서 유대교의 현인들은 평화가 토라 전체의 궁극적인 목적이라고 주장하였다. 또한 평화를 찾고 추구하는 것이 바로 하나님의 뜻이라고 가르쳤다. 유대인과 이방인들 사이의 종교적으로 승인된 이상적 관계를 의미하는 '평화의 길'이 강조되기도 하였다.

---

62 Moshe Cohen, "War and Peace in Judaism and Islam" *Israel Affairs*, vol. 19. no. 4(2013), 679-684.

랍비들은 평화주의적 노선을 취하며 정당한 자기방어의 수단 외에 전쟁이 필요한 경우를 엄격하게 제한하는 다양한 주석을 내놓았다. 또한 전쟁 중에도 환경과 무고한 생명을 파괴하지 않도록 하는 최대한의 평화주의적 원칙을 제시하였다. 후기 유대 문헌은 이를 위해 평화의 의미와 평화를 위반해야 하는 경우 등에 대한 다면적 해석을 시도하였다.

예를 들면 〈신명기〉에서 이스라엘 민족은 가나안 땅을 정복하고 그들과 어떠한 화해도 하지 않는다. 또한 야훼 하나님의 명대로 그들에게서 전리품이나 배우자를 취하지도 않고 그 땅을 정복하고 모든 생명을 멸절시켰다. 랍비 문헌은 이방인들에게 대한 살육이 담긴 이러한 구절들을 주해하면서 하나님이 여호수아를 통해 가나안 칠족에게 먼저 평화 제의를 선포하고 기회를 주었다는 점을 강조한다.[63] 또한 가나안 칠족이 죄를 지었기 때문에, 하나님이 그 땅을 이스라엘 민족에게 주었다고 해석하기도 한다. 성서와 이후 유대 전통이 가나안 정복 전쟁을 성스러운 축일로 기념하지 않고, 이집트에서 탈출한 유월절과 헬레니즘 제국에서 유대인이 당한 억압과 헬레니즘 세계로 동화되는 것에 저항했던 하스모니아 왕조의 승리만을 기념하고 있는 이유에 대해 심오한 해석을 한 랍비도 있다. 그는 출애굽의 유월절과 하스모니아 왕조의 승리가 가나안 정복전쟁이나 다윗의 승리와는 다른 점에 주목한다. 출애굽과 하스

---

63 "당신들이 어떤 성읍에 가까이 가서 공격할 때에는 먼저 그 성읍에 평화를 청하십시오. 만일 그 성읍 백성이 평화제의를 받아들이고 당신들에게 성문을 열거든 그 성안에 잇는 백성을 당신들의 노비로 삼고 당신들을 섬기게 하십시오. 그들이 당신들의 평화제의를 거부하고 싸우러 나오거든 당신들은 그 성읍을 포위하고 공격하십시오."(신명기 20: 10)

모니아 왕조의 승리는 억압에 대한 저항과 방어였으며 정체성을 지키기 위한 것이었다고 하면서 전쟁이나 폭력이 정당성을 가질 수 있는 원칙과 한계를 이야기하고자 한 것이다.[64]

이와 같은 해석이 현실적으로 많은 역사적 비극을 겪었을 뿐 아니라 아우슈비츠와 같은 엄청난 파국을 겪은 후 더욱 절실하게 이스라엘 국가의 재건에 희망을 걸고 있는 유대교의 주류를 이루고 있지 못한 게 현실이다. 그러나 토라의 답은 이스라엘의 적들보다 앞서 이스라엘 민족 자체에게 해당된다는 것을 강조하고, 모든 인간이 하나님의 모습으로 창조된 형제라는 사실을 강조함으로써 평화공존의 윤리를 발전시켰던 평화주의적 랍비 전통은 유대교의 중요한 유산으로 남아있다.

평화 이해의 양면성과 중동 평화의 과제

앞에서 살펴보았지만, 유대민족을 고난과 억압으로부터 구원하고 평화를 약속한 유일신 하나님은 유대민족에게 모든 축복과 평화의 근원이었다. 유대민족의 평화는 인간적인 노력이나 힘을 통해 시작되는 것이 아니라 하나님의 창조의 온전함을 본으로 하며 하나님의 은혜의 결과로 시작되는 것이다. 스스로를 유일한 최고 신으로 계시한 자비와 정의의 하나님은 가장 낮고 억압받는 자리에 있는 백성의 부르짖음을 들으시고 그들을 택하여 평화의 계약을 맺으셨기 때문이다.

---

64 Moshe Cohen, "War and Peace in Judaism and Islam", 680-684.

그런데 그러한 계약의 법적 성격은 절대적인 준수와 헌신을 요구하며 파기할 시의 저주와 징벌을 수반한다. 평화에 대한 언약은 영원하지만, 그것은 유대 백성이 그 언약 안에 있을 때 유효한 것이다. 따라서 이스라엘 공동체 내부에서도 계명 위반에 대해 단호하며, 일차적으로는 그러한 계약 관계 외부에 있는 이방인과 다른 종교에 대해서는 배타적인 성격을 드러내게 된다. 불의와 악이 가득한 세계 안에 신의 자비와 정의는 악한 세계를 파괴하는 의로운 전쟁의 양상으로 표출된다. 신적인 평화가 시작되기 위해서는 그러한 악의 권세를 상징하는 이집트를 벌하고, 우상을 숭배하고 환락에 빠진 가나안 7족을 멸해야 하는 것이다.

그러한 과정에서 묘사된 비인도적인 살육행위들이 여전히 불편함에도 불구하고, 유대인들이 핍박받는 소수의 종교, 디아스포라 상태로 고난받는 종교적 민족적 공동체일 때, 억압하는 권세에 대한 저항과 악과의 분투, 의로운 전쟁을 통한 해방과 구원은 적어도 자유의 수단으로서 혹은 자기방어적인 정당성을 가질 수 있었다. 또한 예루살렘 땅으로의 귀환과 샬롬의 회복에 대한 믿음은 절망의 현실에서도 세상의 가장 밑바닥에 있는 유대민족의 샬롬이 회복될 때, 모든 세계가 구원되고 회복되리라는 절실한 희망을 주었다. 그리하여 오히려 포로기를 거치면서 야훼의 민족신적 성격은 보편적인 유일신(엘로힘)으로 확대되었고, 이방인뿐만 아니라 창조된 모든 생명에까지 확대되는 샬롬의 신학이 발전했다.

또한 이러한 신적 평화에 대한 유대적 개념은 유대민족의 비참한 역사 속에서도 그러한 유일신 신앙에 기반하여 보편적 평화사상을 견인해내는 창조적 종교성의 역할을 하기도 하였다. 근대 유럽의 반유대주의와 아우슈비츠의 거대한 폭력 앞에서, 어떠한 구원의 손길도 없는 깜깜한 절망의 끝없는 나락에서도 신적인 샬롬의 회복, 즉 평화에 대한 신앙은 강력한 생명력을 가지고 살아남았다. 신이 유대민족을 구하지 않는다면, 신조차 나락에 빠진 것이므로, 자신들이 신을 구하고 세계를 구해야 한다는 심오한 세계윤리를 발전시켰던 것이다.[65]

그런데 유대인들이 억압받은 신의 형상이 아니라 힘과 권력을 가진 위치에 서게 될 때 이러한 샬롬 개념에 내재된 양날의 칼은 위험하고 폭력적인 무기가 되기도 한다. 흩어진 유대민족이 팔레스타인 땅에 1948년 이스라엘 국가State of Israel를 선포하면서 벌어

나치시대 절망의 나락에서 유대인들의 신적인 샬롬의 회복과 평화에 대한 신앙은 강력한 생명력을 가지고 살아남았다. 사진은 영화 〈쉰들러 리스트〉의 한 장면.

---

65 울리히 벡, 홍찬숙 역, 《자기만의 신》(서울:도서출판 길, 2013). 23-24. 그 사례로 에티 힐레쥼의 일기가 인용되고 있다.

지고 있는 상황이 그러하다. 이스라엘은 서방 국가들과의 국제정치적 협상으로 국가 수립을 선포했으나, 이는 오랫동안 팔레스타인 지역에 살아왔던 아랍인들과의 전쟁과 첨예한 갈등을 야기했다. 그리고 결국 4차에 걸친 중동전쟁은 막강한 경제력과 군사적, 외교적 힘을 가진 유대인들의 우위에 의해 이스라엘 국가의 승리로 끝났던 것이다. 그러나 이스라엘 국가 수립 이후에도 예루살렘을 비롯한 팔레스타인 지역은 대부분 이슬람교도인 팔레스타인 주민들과의 종교적 갈등과 생존권 다툼으로 잠잠할 틈이 없다.

아랍연맹과 이스라엘 국의 중동전쟁, 특히 6일 전쟁의 승리를 기념하는 유대인들은 옛 여호수아의 전쟁에서 사용된 성전聖戰의 개념들을 끌어와 이스라엘 국가 수립을 통해 그들의 하나님이 약속했던 평화가 성취된 것으로 해석한다.[66] 그러나 그러한 거룩한 전쟁을 통한 유대교적인 평화개념은 팔레스타인 난민들에게 매우 폭력적인 양상으로 작용하고 있다. 이스라엘 국가가 신의 이름으로 국가 이데올로기를 정당화하는 것에 비판적인 유대계 인사들은 이제는 유대인들이 팔레스타인 난민들에서 과거 자신들의 모습을 볼 필요가 있다고 주장하고 있다.

그들은 성서를 다양한 삶의 맥락에 적용할 수 있도록 유연하게 해석해온 랍비 유대교의 전통을 되살려 '평화의 길'을 모색한다.

---

66 Jonathan Z. Smith, *Map is not Territory: Studies in the History of Religions* (Chicago: University of Chicago Press, 1993). 조너선 스미스는 1947년 이스라엘 땅과 1967년 예루살렘 신전 부지의 회수는 성스러운 공간에 대한 고대적인 언어를 첨예하게 다시 일깨워주었다고 주장한다. 땅의 상징들이 되살아나면서 시편과 출애굽기에 등장하는 땅의 신화와 상징적 언어들이 중요해지고 있다는 것이다. 일례로 유대인들은 매년 유월절 의례를 하면서 '내년에는 예루살렘에서'를 외치며, 예루살렘에서 유월절을 지내는 경우에는 '내년에는 재건된 예루살렘에서'를 외친다.

앞에서 살펴보았듯이, 랍비 유대교는 이스라엘과 세계 전체에 온전히 신의 정의와 자비가 실현된 참된 평화에 대한 성서적 이상과 이스라엘 역사에서 신의 의지와 개입에 의해 수행된 '의로운 전쟁'의 구원론적 의미를 조화시키고자 했다. 그러나 구체적인 현실 속에서 '허용된 전쟁'과 '의로운 전쟁'의 경계선을 분명히 긋기 어렵기에 권력에 의해 아전인수 격으로 해석될 여지는 계속 상존했다.

이에 현대 유대교의 다양한 분파는 '아우슈비츠 이후의 신학'에 대한 관심 속에서 호전적인 초기 야훼이즘의 평화 이해와 이방인과의 연대와 평화의 길을 명령하는 후기 유대교의 평화 이해를 놓고 맞서고 있다. 이스라엘 국가가 아우슈비츠의 신학을 정치적으로 이용한다고 비판하면서, 소외되고 낮은 자리에 있는 이들을 해방하고 구원하는 진정한 '신적 평화'에서 그 대안을 찾고자 하는 급진적 주장도 있다.[67]

현재 팔레스타인 난민의 모습이 또 다른 "히브리인"(떠돌이, 나그네, 하층민)이 되어 유대인들을 되비추고 있는 역설을 해소하는 방법은 결국 초기 야훼이즘의 평화 개념을 어떻게 현대 상황에 대한 해답으로 재해석해내느냐에 달려 있을 것이다. 그런 점에서 유대인과 이방인들 사이에 종교적으로 승인된 이상적 관계를 의미하는 "평화의 길"에 주목하고, 유대인들에게 하나님이 주신 평화의 계명이 유대 공동체에만 한정되는 것이 아니라 보편적으로 확장될 수 있다는 창조의 신학과 랍비 유대교의 해석이 현대에는 더 강조될 필요가 있다.

---

67 발터 벤야민, 최성만 역, 《역사의 개념에 대하여/ 폭력비판을 위하여/ 초현실주의 외》(서울: 도서출판 길, 2009), 79-117.

특히 이스라엘 민족의 디아스포라를 그러한 보편적 확대를 위한 고난으로 해석하는 관점은 유대교가 편협한 민족종교만이 아니라 유일신 신앙을 발전시킨 보편 종교로서의 잠재력을 가지고 있었음을 보여준다. 세상을 선하게 창조한 한 분 하나님을 믿는 유대교의 유일신신앙은 모든 피조물에 하느님의 모상으로서의 평등한 가치를 부여함으로 그러한 보편화를 가능하게 하는 것이다. 그런 점에서 유대교 평화주의자들은 평화를 추구하는 것을 하느님의 명령으로 간주하고 강조한다. 유대교에서 인간이 걸어가야 할 길을 의미하는 토라Torah는 바로 악을 떠나서 선을 행하고 평화를 추구하라는 이러한 신의 명령에 따라 사는 것이다.

뿐만 아니라 마크 고핀Marc Gopin은 유대인의 디아스포라 경험과 다양하고 때론 상반된 해석까지도 인정하는 탈무드의 정신이 유대교 전통 속에서 현대에도 가치 있는 평화의 자원이라고 주장한다.[68] 유대교는 디아스포라적 경험 속에서 선교나 개종을 강조하기보다 다양한 민족, 종교와 공존하고 평화로운 관계를 맺을 수 있는 지혜와 윤리적 가치를 발전시켜왔다. 또 다양한 해석의 가능성이 열려있는 '아가다Aggadah'[69]의 영역은 현대 사회에 요청되는 개방성과 관용에 매우 적합한 측면을 가진다는 것이다.

유대교 성서의 유일신 전통은 폭력을 거짓평화의 수단으로 정당화하는 도구가 될 수도 있고 거짓평화를 자처하는 폭력을 비판하

---

68 Moshe Cohen "War and Peace in Judaism and Islam", 682.
69 고전적인 랍비 문헌은 할라카Halakah와 아가다Aggadah로 나뉜다. 할라카가 율법에 대한 해석으로 법적 성격을 가진 반면, 아가다는 유대교 전승傳承들 중 전설, 민요, 설교, 주술, 점성 따위로 율법적 성격이 없고 다양한 견해가 공존하는 교훈적인 이야기이다.

고 극복할 수 있는 초월적인 관점을 제시하는 구원과 해방의 원천이 될 수 있다. 또한 유대인이 처한 상황에 따라 샬롬, 즉 유대교의 평화의 지평은 예루살렘의 유대인, 유대민족, 혹은 이스라엘 국가로 축소되기도 했으나, 전 세계 모든 피조물에게까지 보편적으로 확대되기도 했다. 어떤 평화의 자원을 발전시키느냐에 따라 현대 유대교가 미래의 종교가 될 수 있는 길이 정해질 것이다.

3

그리스도교의
평화사상과 그 전개

신약성서에 나타난 평화의 의미

'하늘에는 영광, 땅에는 평화'(눅 2:14), 그리스도교가 예수 탄생을 기념하는 성탄절마다 울려 퍼지는 소리이다. 신약성서는 예수를 이사야가 예언한 평화의 사자, 평화(평강)의 왕으로 고백하고 증언한다. 그에 따르면 예수는 자신이 이 세상의 평화와는 다른 평화를 주러왔다고 선언했다.

"나는 평화를 너희에게 남겨 준다. 나는 내 평화를 너희에게 준다. 내가 주는 평화는 세상이 주는 평화와 같지 않다."[70]

이때 세상이 주는 평화는 로마제국의 평화, 왕과 황제의 평화, 땅의 평화를 가리키며, 예수가 주겠다고 한 그와 다른 평화, 즉 '내

---

70 요한복음 14: 17.

평화'는 하나님의 평화이며 성령의 은혜로 이루어질 참된 평화를 의미한다. 이처럼 평화를 주러 왔다는 예수의 선언은, 평화를 가져오실 메시아에 대한 유대인들의 대망에 비추어 볼 때, 메시아적 선포에 다름 아니다. 또한 예수는 아프고 지치고 고통받는 사람들에게 '평안'을 빌어주고, 히브리 성서의 금지 계명들을 사랑과 평화의 계명으로 갱신하였다.[71] 예수를 따르던 제자들과 부활한 예수를 통해 거듭난 사도들도 그와 같이 평화의 인사를 나누고 서로 평안을 빌어주면서 예수의 말씀과 하나님 나라의 도래에 대한 '평화의 복음'을 널리 전했다.

그리스도교는 유대적 샬롬 개념, 즉 유일신 신앙에 기반한 평화 이상을 공유하면서도, 예수 사건을 통해 그것을 재해석함으로써 또 다른 종교적 비전을 내세운 새로운 '평화의 종교'였다. 신약성서의 복음서와 바울서신에는 평화를 뜻하는 그리스어 '에이레네Eip ήνη'[72]가 91차례나 등장한다. 신약성서는 구약의 '샬롬'을 주로 그리스어 '에이레네Eipήνη'로 번역한 칠십인 역 성서를 다수 인용하고 있다. 그와 함께 유대인들이 하나님의 속성이며 신적 구원의 총체적 표현으로 여긴 '샬롬'의 종교적, 구원론적 의미가 신약성서에 담기게 되었다. 또한 복음서 기자들은 예수가 히브리어 방언 아람어로 말한 '샬롬'도 '에이레네'로 표현했다. 그러므로 신약성서의 평화 개념은 유대적 샬롬 사상과 함께 전쟁 종식 혹은 내적 평화 상태를

---

71 박충구,《종교의 두 얼굴: 평화와 폭력》, 76-77. 마태복음의 산상수훈은 대표적인 예이다.

72 그리스어 eipήνη(라틴어: Eirene)는 그리스 신화에 등장하는 평화의 여신이다. 호라이 자매 가운데 한 명이며 로마 신화의 팍스과 같은 여신이다. 제우스와 테미스(법)의 딸로 에우노미아(좋은 규범), 디케(정의)와는 자매이다.

그리스도교는 유대적 샬롬 개념, 즉 유일신 신앙에 기반한 평화 이상을 공유하되 예수 사건을 통해 그것을 재해석함으로써 또 다른 종교적 비전을 내세운 새로운 '평화의 종교'였다. 그림은 위고 반데르 고즈의 〈동방박사들의 경배〉.

뜻하는 그리스적 평화(에이레네)의 의미로부터 일정 부분 영향을 받지 않을 수 없었다.[73]

　신약성서 문서는 예수 사후 사도들에 의해 작성되었다. 신약성서는 예수의 언행뿐 아니라, 초기 그리스도교 공동체의 상황과 그들이 예수를 어떻게 믿고 고백하였는지(그리스도론)를 보여준다. 따라서 신약성서의 평화관에서 예수를 구원자이신 하나님으로 고백했던 초기 그리스도교 공동체의 '그리스도론'에 입각한 평화 이해는 새로이 중요한 초점이 된다. 4세기경 그리스어 성서가 라틴어로 번역되었고, 중세 그리스도교 문명 시기에 이러한 라틴어 성경이 공식적으로 사용되면서 기본적으로 힘의 서열에 의한 질서, 로마의 힘에 의한 평화를 뜻하는 라틴어 Pax(평화)의 의미도 중첩되었다. 그 결과 신약성서에 나타난 '평

---

73 H. Beck, 〈平和: 聖書言語辭典〉, 82.

화'의 뜻과 용례는 매우 다층적이고 복합적이다.

평화는 소박하게 '사람들 간의 분쟁과 갈등, 대립이 없는 타협과 화해의 상태'를 의미하기도 하고, '국가 간 전쟁이 종식되고 화해가 선언되어 안정이 확보된 상태', 나아가 제국 전체가 추구하는 '무질서와 혼돈의 반대로서 질서와 안정'이기도 했다. 그러나 좀 더 그리스도교 신학적으로 이해된 평화는 '하나님과 인간을 다시 화해시킨 평화의 중재자 그리스도에 의해 회복된 화해', '인류를 죄로부터 구원하기 위해 죄 없이 희생한 그리스도의 공로로 하나님이 인간에게 주신 의와 구원의 상태', 즉 메시아적 구원이 완전히 실현된 상태이다. 그것은 '하나님의 사랑과 은혜, 정의로 다스려지는 새로운 질서, 진정한 평화의 공동체'로 확장된다.

신약성서에 나타난 이러한 다층적 평화의 개념은 결국 예수의 복음과 그리스도론을 축으로 구조화되어 그리스도교 평화사상의 근간을 이룬다. 신약성서에 나타난 평화 이해를 1) 예수의 어록과 행적에 나타난 평화의 복음, 2) 바울서신의 '그리스도의 평화', 3) 평화의 왕 예수 그리스도와 메시아의 평화 개념으로 나누어 살펴보자.

예수의 가르침과 평화의 복음

신약성서는 예수 자신의 기록이 아니라, 그의 말과 행위에 대한 제자들과 사도들의 기록인 복음서와 서신, 묵시록으로 구성되어 있다. 따라서 성서학자들이 복음서 가운데 가장 예수 자신의 언행에 가까운 형태일 것으로 추정하여 추출한 것을 Q(Quelle, 원천)문서라고 한다. 이러한 예수의 어록(Q)과 복음사가들이 전하는 행적에 나타난 평화론을 먼저 살펴보자.

예수는 로마의 평화가 구가 되던 시대에 제국의 속주였던 팔레스타인 지방에서 태어났다. 로마는 아우구스투스Augustus로부터 마르쿠스 아우렐리우스Marcus Aurelius에 이르는 약 200년간 유례없는 로마의 평화Pax Romana를 누리고 있었다. 전쟁이 당연시되고 상시적이던 고대 세계에서 월등한 권력자로 등장한 로마 황제에 의해 전쟁이 종식되었다는 점에서 이 로마의 평화는 상대적이고 잠정적인 평화였다.[74] 하지만 로마인들은 그러한 로마의 황금기를 가져온 황제 카이사르를 구원자Soter, 왕 중의 왕으로 숭배하고 칭송했으며, 신의 현현으로 간주하기도 했다. 예수가 스스로 '하나님의 아들'이라 하면서 천국이 왔다는 복음을 전파하고 그리스도교가 박해와 시련 속에서 성장해나갔던 시기가 이러한 로마의 평화 시기였던 것이다.

예수는 바로 '로마의 평화'를 겨냥해 그러한 평화의 본질이 폭력임을 일깨우고 히브리 예언자들처럼 거짓평화의 위선을 비판하면서, 진정한 평화는 하나님으로부터 오며 하나님 나라의 평화임을 선포하였다.[75] 그러나 예수는 당시 유대인들의 정치적 독립을 위해 무력투쟁과 저항을 불사하던 젤롯당의 방식과는 거리를 두었다. 오히려 진리의 말씀이라는 검을 통해 위선과 거짓평화를 깨뜨렸고 무차별적 사랑을 통해 하나님의 평화를 보여주면서 악을 악으로 갚지 말고 원수를 사랑하라고 외쳤다.

악을 악으로 갚지 말고 원수를 사랑하라는 예수의 말은 로마의 속박 하에서 고통 받는 유대인들에게는 힘없는 말로 여겨져 조롱

---

74 이석우, 〈로마제국치하 기독교 평화주의 운동〉, 《기독교사상》 통권 제290호(1982), 58.
75 리처드 호슬리, 홍성철 역, 《바울과 로마제국: 로마 제국주의 사회의 종교와 권력》 (서울: 기독교문서선교회, 2007).

거리가 되거나 원수와 대적하려는 자들의 분노를 자아내기도 했다. 그럼에도 불구하고 예수는 보편적인 사랑을 몸으로 실천함으로써 신적 평화의 도래를 알리고 폭력을 통한 평화의 본질적 한계를 드러냈다. 약자에게는 차별적이고 억압적인 위계적 질서의 평화, 군사적 정치적 평화주의가 아니라, 편견과 차별의 경계를 넘어 낮고 소외된 이들, 헐벗고 고통 속에 있는 이들과 함께 하는 보편적인 사랑에 의한 평화야말로 진정한 평화라는 메시지였다.

예수는 무력에 의한 로마 제국의 질서(평화)를 향해 진정한 평화의 나라인 하나님 나라, 천국이 왔으니 회개하라고 외쳤다. 예수가 평화를 주러 왔다고 하면서, 자신은 세상에 평화가 아니라 검을 주고 분열을 일으키러 왔다고 외치기도 한 것은 그가 그 시대를 불의와 비평화의 세계로 인식하고 있음을 보여준다. 이는 그러한 불의와 비평화의 세계를 깨뜨리고 극복해야 평화와 정의가 실현될 수 있다는 의미로 해석될 수 있다. 예수는 악을 악으로 갚지 않았지만, 결코 불의나 악과 타협하지 않았다. 그러므로 예수를 따르는 무리들이 무력저항이나 군사적 봉기를 일으키지 않았음에도 불구하고, 로마 당국과 유대사회의 지도자들에게는 사회질서를 어지럽히고 거룩한 율법을 파괴하는 존재로 인식되었던 것이다.

예수는 당대 사회질서가 막아놓은 담을 허물고 안식일에도 귀신들리고 병든 자들을 고쳐주었으며, 세리와 창녀와 같은 사회에서 천대받는 하층민, 유대인들이 부정하게 생각했던 사마리아인과 더불어 말하고 어울리면서 격의 없이 음식을 나누었다. 예수는 이러한 참된 평화의 식탁인 아가페[76]를 통해 사랑과 정의가 완전한 조

---

76 Agape는 신의 희생적 사랑을 의미하기도 하지만, 초대 교회에서 이루어진 성만찬 이후의 사랑의 잔치愛餐를 뜻하기도 한다.

화를 이룬 신적인 평화와 질서가 실현된 대안적 공동체의 비전을 보여주었다. 그것은 모든 질서나 조화를 비판하는 무정부적인 해체라기보다는 참된 세계, 새로운 세계에 대한 비전과 희망이었으나, 강고한 기존 질서의 틀을 고수하는 이들에게는 무정부주의자요, 건전한 사회의 질서를 파괴하는 자로 비춰졌다.

예수가 그에 맞서 제국에서 억압받던 유대인들이 대망하던 정치적 메시아의 길을 택하지 않았으며 물리적 저항이나 폭력을 지양했다. 폭력의 악순환을 되풀이하는 물리적 검이 아니라 진리와 생명의 말씀을 선포함으로써 거짓평화를 비판하고 그에 저항하였다. 무력과 폭력을 통한 악의 악순환을 원수까지도 품는 사랑과 숭고한 희생을 통해 끊어버렸다. 예수의 가르침에는 보복과 증오와 살육과 적대성을 부추기는 것이 없었다.[77] 그는 오히려 오른뺨을 치면 왼뺨을 내주고, 원수를 갚지 말고 원수를 사랑하라고 가르쳤다. 하나님을 사랑하라는 계명은 곧 가장 낮은 곳에서 도움을 필요로 하는 이웃을 사랑하는 것과 분리할 수 없음을 강조하였다.

그와 같이 사랑을 실천함으로써 평화를 수립하는 자가 하늘나라의 백성이 될 수 있다는 예수의 가르침은 가장 낮은 자리에 있는 이들에게까지 변함없이 미치고 퍼지는 신의 사랑의 표현이다. 예수가 알려준 아버지 하나님, 즉 그리스도교의 하나님은 가난하고 고통받는 이들까지도 동등하게 사랑하는 하나님이지, 차별과 억압의 도구가 되는 하나님은 아니었던 것이다. 따라서 예수의 어록에 나타난 평화 개념은 지배계층과 권력 중심의 질서가 아니라 공평하고 자비로운 신적 사랑에 의한 근본적으로 새로운 이상적 질서

---

77 박충구, 《종교의 두 얼굴: 평화와 폭력》, 78.

를 의미한다고 할 수 있을 것이다.

예수는 유대인들을 부르고 선택했던 유일신인 하나님을 주종 관계의 주인이 아니라 사랑하는 아버지로 불렀다. 그리고 그러한 아버지 하나님이 보편적 사랑의 주체이며 평화의 근원임을 천명했다. 이러한 평화의 하나님, 사랑의 하나님에 대한 신앙이 성별, 지위, 나이 등 사회적 편견이나 장벽을 넘어 자유와 희망의 복음으로 퍼져나가게 되었던 것이다.

바울서신에 나타난 '그리스도의 평화'

바울이 로마제국의 여러 도시들을 누비며 복음을 전하고 그리스도교 공동체를 세운 후 각 도시의 공동체들에 보낸 서신들은 신약성서의 상당 부분을 차지하고 있다. 이러한 바울서신들은 대개 "예수 그리스도께서 내려주시는 은혜와 평화가 여러분에게 있기를 빕니다"와 같은 평화의 인사로 시작하고 평화의 인사로 끝난다. 예수 그리스도에 의한 평화는 바울 공동체가 염원한 이상이었다고 할 수 있다.

예수를 따르던 제자가 아니라 오히려 그들을 핍박하던 유대인이었다가 부활한 예수를 만나 극적으로 회심한 후 이방인들의 사도라는 소명을 받은 바울은 그리스도의 부활과 은총에 대한 신학을 정립했다. 즉 예수의 십자가 죽음과 부활이 죄에 의해 파괴된 하느님과 인간의 화해와 평화를 회복하는 구원의 의미를 가진다는 것을 명징하게 선언한 것이다. 죄의 실존에도 불구하고, 그리스도의 대속을 통해 인간을 의롭다고 선언하신 하나님의 은혜에 의하여 하나님과 인간 사이에 평화가 수립되었다는 말이다.

"믿음으로 의롭다 하심을 얻은 우리는 우리 주 예수 그리스도를 통하
여 하나님과 평화를 누립니다. ……우리가 원수 되었을 때 그의 아들
의 죽으심을 통해 하나님과 화해하게 되었다면 화해됨을 얻은 우리가
그의 생명 안에서 구원받은 것은 더욱 확실한 일이 아니었습니까?"[78]

바울이 말하는 평화는 곧 예수 그리스도를 통해 이미 성취된 하
나님의 은혜의 결과이며, 인간적 차원에서는 믿음을 가지고 그러
한 은혜에 참여하는 것이다. 그에 따라서 그리스도를 통해 인간과
하나님 사이의 화해, 나아가 인간과 우주의 통전적 화해도 가능해

부활한 예수를 만나 극적으로 회심한 바울은 예수 그리스도의 부활과 은총의 신학을 정립하였으며 그리스도
를 통한 평화를 추구하였다. 그림은 〈성 바오로의 회심〉.

78 로마서 5: 1-11.

지고, 인종과 성별, 계급의 담을 헐고 인간과 인간 사이의 평화를 수립할 수 있게 된다.

이러한 입장에서 사도 바울은 서슬 퍼런 제국의 심장부였던 로마의 그리스도교 공동체에 보낸 편지에서 '세상의 평화Pax Romana'의 허구성을 천명한다. 창과 칼로 유지되는 로마의 평화, 강자의 지배 이데올로기일 뿐인 세상의 평화는 강도의 평화이며 거짓평화일 뿐이다! 자기희생을 통해 인류에게 평화와 구원이 된 예수 '그리스도의 평화Pax Christi'야말로 참된 평화라는 것이다. 또한 바울은 세상 사람들이 평화와 안전을 외치고 있는 그 날에 '주의 날'이 도둑같이 임한다고 말했다.

> "주님의 날이 밤에 도둑처럼 온다는 것은 여러분이 잘 알고 있습니다. 사람들이 '평안하다', '안전하다'고 말할 그때에, 아기를 밴 여인에게 해산의 진통이 오는 것과 같이 갑자기 멸망이 그들에게 닥칠 것이기 그것을 피하지 못할 것입니다."

평화와 안전이 팍스 로마나의 통치구호라는 점을 생각한다면, '주의 날'은 바로 팍스 로마나의 허구성이 폭로되는 날인 것이다.[79] 또한 그리스도에 의해 참된 평화가 시작되는 되는 기쁨과 희망의 날이다. 그러므로 바울은 이러한 기쁜 소식을 세상 끝까지 전하기 위해 쉬지 않고 지중해 도시 곳곳을 누비고 다녔다.

히브리 성서가 야훼 하나님을 평화의 주인으로 고백하고, 야훼와 이스라엘 민족의 평화 언약에 의해 하나님 백성이 된다는 조건으로 유대 공농체에 부과된 책임을 강조했다면, 바울서신은 평화

---

79 김명수, 〈원시 그리스도교의 평화 운동〉, 《기독교사상》 통권 제427호(1994), 78-90.

의 주체가 그리스도이며 그 지체인 그리스도 교인에게는 '평화의 사도'로서 의무가 주어진다고 말한다. 바울서신도 히브리 성서와 마찬가지로 평화를 하나님의 속성이고 종말론적 통치 질서로 이해한다. 그러나 차이는 그러한 신적 평화는 인간을 구원하기 위해 강생하신 하나님이자 하나님의 아들인 '그리스도를 통해' 시작되며 그리스도의 은혜로 나타난 성령의 열매라고 여긴 점이다.

'그리스도'는 무죄한 죽음으로 죄를 이기고 죽음을 넘어섰으며 악을 극복한 존재로 이해된다. 따라서 예수는 죄의 고통과 죽음의 두려움과 악의 위협으로부터 벗어날 수 있는 평화의 선물을 주시는 분이 된다.(요14:27) 은총의 선물인 평화는 실존의 불안과 죽음의 힘을 극복하는 근원이기도 하기 때문이다.(요16:35)[80] 또한 평화는 성령의 은혜로 그러한 그리스도 안에서 다시 태어난 그리스도인의 삶의 규범이 된다. 그러므로 바울은 하나님은 무질서의 하나님이 아니고 평화의 하나님이시며, 우리를 평화 가운데 부르셨다고 고백하고, 그리스도교 공동체 역시 할 수 있거든 모든 사람과 더불어 화평하라고 권고하였다.[81] 초기 그리스도인들은 스스로를 평화를 세우기 위해 부름 받은 자들로 여겼으며, 인류에게 보편적으로 주어진 기쁜 소식으로서의 복음을 평화의 복음으로 생각하였다.

평화의 왕 예수 그리스도와 메시아의 평화

〈누가복음〉은 예수 그리스도를 유대사회의 형식화된 율법과 로마의 평화 속에서 소외되고 억압받는 자들에게까지 진정한 사랑과

---

80 김명수, 〈원시 그리스도교의 평화 운동〉, 78.
81 박충구, 《종교의 두 얼굴: 평화와 폭력》(2013), 77.

정의를 회복시키는 '평화의 왕'으로 묘사한다. 이는 예수가 가져온 평화가 단지 내적인 평화, 실존적 평화만이 아니라 새로운 이상 세계의 도래를 알리는 신호임을 드러내는 말이다.

예수는 앞에서 보았듯이 이방인과 유대인의 구별, 신분과 권력, 성별, 나이의 차이와 경계를 넘어 사회적 약자였던 하층민, 여성, 노예들도 차별 없이 하나님 앞에 평등한 새로운 평화를 보여주었다. 그리스도교인들은 세상이 주는 평화와는 근본적으로 다른 그러한 평화를 그리스도의 평화Pax Christi라고 부르고, 그리스도야말로 진정한 평화의 주인(요한복음)이요, 시편과 이사야서에 예언된 평화의 왕(눅 19: 38)이라고 고백했다. 그러나 "이 평화의 왕은 세속적인 권위나 통치권을 가진 왕이 아니다. 예수는 그리스 전통이나 로마 전통 혹은 유대전통의 호전적 평화이해를 수용하거나 답습하지 않았다."[82]

평화의 왕으로 온 예수는 역설적으로 골고다에서 가시 면류관을 쓰고 조롱을 받으며 죽었던 것이다. 그러한 죽음의 방식은 그리스도의 평화가 정치적 평화나 이데올로기적 평화가 아니라 죄와 고통 속에서 있는 모든 인간을 구원하려는 신의 의지와 희생적 사랑을 통해 얻어지는 것임을 보여준다. 그리스도교는 예수의 죽음과 부활에서 경험한 신적 사랑을 통해 '평화의 왕국'을 선포하고 '평화의 왕'의 형상을 발견한다. 죄인인 인간이 예수 그리스도 안에서 하나님과 화해하고 이방인끼리도 화해하여 하나님의 자녀로 인정을 받음으로 얻게 되는 평화가 그리스도의 평화인 것이다.

따라서 평화의 왕 그리스도는 그리스도를 본받아 평화를 위해

---

82 박충구, 《종교의 두 얼굴: 평화와 폭력》, 78.

일하고 가난한 사람들과 연대하는 자들을 하나님의 자녀로 축복한다.(마태복음) 그러므로 평화는 그리스도인의 존재양식이 되는 것이다. 또한 야고보서 3장 18절은 "평화를 위해 일하는 사람들은 평화를 심어 정의의 열매를 거둔다"고 하여 정의로운 평화를 그리스도인의 규범으로 삼고 있다.[83]

지금까지 살펴본 신약성서의 평화사상은 그리스도론에 입각하여 보편적인 신적 사랑에 의한 평화를 주창하고 있다. 예수의 원수에 대한 사랑, 인류 구원을 위한 자기희생적 사랑, 기존 사회질서에 따른 차별과 경계를 허문 보편적 사랑의 실천은 고대 세계에 혁명적인 전환점이 되었다. 그것은 첫째, 우리와 그들을 구별하는 차별적인 평화를 비판하고 보편적인 평화를 주장하고 있으며, 둘째 전쟁과 폭력에 의한 평화(질서)에 대해 물음표를 던지고, 적과 원수를 응징과 복수 대상이 아니라 사랑의 대상으로 도치시키는 새로운 비전을 통해 적과 친구(동지)의 이분법에 의한 정체성의 폭력과 복수(응징)의 메커니즘을 해체시키고 있다. 따라서 유일신 신앙을 발전시킨 그리스도교가 열어준 이러한 평화의 비전은 오늘날에도 의미 있는 평화운동의 출발점을 제시한다고 할 수 있을 것이다.

초기 그리스도교 교부들의 평화주의

그리스도교 평화주의자들은 앞에서 살펴본 예수 전승과 신약성서의 평화 이해를 그리스도교 평화사상의 원류로 보고, 로마제국

---

83 박충구, 《종교의 두 얼굴: 평화와 폭력》, 79-90.

의 주류 종교가 된 이후를 샬롬 신학의 타락 혹은 퇴보로 본다. 또한 4세기 그리스도교 공인 이전 박해와 순교의 시기를 중요한 그리스도교의 평화주의적 전통으로 강조한다. 초기 그리스도교인들은 몰이해와 박해를 받으면서도 예수와 마찬가지로 십자가를 지고 물리적으로 저항하기보다 의연하게 순교를 택하기도 했다. 또한 살상과 전쟁을 반대하며 군 복무나 황제숭배와 관련된 모든 국가의례를 기피하거나 거부하였다. 이러한 태도는 그리스도교인들이 시민의 공적 의무를 등한시하는 반사회적 집단으로 비난받는 요인이 되기도 했다.[84] 하지만 평화윤리를 수립하려는 관점에서는 이를 반제국주의, 반군국주의적 평화주의의 원형으로 적극적으로 평가한다.

한편 초기 그리스도교인들이 군 복무와 살인을 거부한 원인이 평화주의적 경향과 직접 관련되지는 않는다는 지적도 있다. 군 복무를 거부하거나 기피한 것은 우상숭배와 맹세 금지의 계명, 피 흘림에 의한 오염에 대한 터부 때문이라는 주장이 있는 것이다.(존 헬제렌드) 교회사가 하르낙도 초기 그리스도교인들의 군 복무 회피 이유는 첫째 전쟁과 피 흘림 반대, 둘째 황제에 대한 서약과 맹세가 그리스도교적 가르침에 위배되기 때문, 셋째 이교문화와 우상숭배에 참여하게 될 위험 때문이었다고 분석한 바 있다.

물론 엄밀한 역사적 관점에서는 황제의 군대를 기피한 이유에 대한 이러한 지적이 전혀 터무니 없는 것은 아니다. 그러나 그것이 그리스도교가 현대적으로 의미 있는 평화의 유산을 가지고 있지 않다는 주장의 근거가 될 수는 없다. 앞서 살펴본 것처럼 평화

---

84 오리게네스, 임걸 역, 《켈수스를 논박함: 그리스-로마 세계에 대한 한 그리스도인의 답변》(서울: 새물결, 2005).

는 예수의 핵심적 메시지였으며, 그를 따르는 초기 그리스도 교인들이 추구하던 중요한 가치였기 때문이다.

그런 맥락에서 음미할 가치가 있는 초기 교부들의 기록도 적지 않다. 예컨대 3세기 교부인 성 키프리아누스Thascius Caecilius Cyprianus는 살인은 범죄로 간주되지만 국가의 이름으로 행해진 살인은 용기로 간주된다고 날카롭게 비판한 바 있으며, 락탄티우스Lucius Lactantius(240년?~320년?)는 생명존중의 성서적 사상에 입각해서 합법적 사형조차도 금지되어야 한다고 주장했다. 남을 죽이기보다는 차라리 자기가 죽임을 당하는 편을 택해야 한다는 테르툴리아누스Tertullianus(160~220년)의 문헌에도 피 흘림과 살인이 예수가 가르친 생명존중과 보편적 사랑의 정신에 상치된다는 그리스도교 신앙의 의식이 강하게 작용하고 있다.

초기 그리스도교의 반전주의가 사회 정치적 비판과 저항보다는 살인에 대한 신앙적 거부였으며, 살인이 아닌 방식의 군사적 경찰적 기능에 대해서까지 거부하는 절대적인 비폭력주의적 입장이었다고 보기는 어려운 측면이 있다. 생명에 대한 존중도 현대적 인권 개념보다는 생명을 주신 창조주 하나님에 대한 신앙으로부터 나오기 때문이다. 그럼에도 불구하고 우리는 초기 그리스도교 문헌들을 통해 생명에 대한 존중과 보편적 사랑에 대한 강조, 생명을 해치는 살인을 반대하는 평화주의적 관점을 분명하게 확인할 수 있다.

게다가 초기 그리스도교의 다양한 흐름 중에는 급진적 평화주의자들도 있었다. 그들은 좀 더 온건한 입장과 달리 그리스도가 가르친 평화의 복음을 따르는 것과 전쟁에 나가 싸우는 것이 극단적인 양자 택일의 문제라고 보았다. 또한 신약의 사랑의 하나님을 구약

성 키프리아누스는 국가의 이름으로 자행되는 폭력과 전쟁을 용기나 용맹으로 칭송하는 당대 문화를 그리스도교 정신으로 예리하게 비판했다.

의 진노하고 싸우는 전쟁의 하나님과 대비시키면서 구약의 야훼를 거부하는 그리스도교인들도 있었다. 뒷날 정통파에 의해 이단으로 규정된 마르시온Marcion을 비롯한 영지주의적 그리스도교인들이 그에 속한다. 이러한 전통이 최근 그리스도교 평화주의자들에게 오히려 새로운 영감을 주기도 한다.

그리스 교부인 오리게네스Origenes(185년경~254년경)[85]는 그리스도인들을 군 복무 등 사회적 책임을 회피하는 반사회주의자라고 비

---

85 알렉산드리아 학파를 대표하는 신학자. 성경주석 학자. 그리스도교와 그리스 철학을 조화·융합시킨 신학체계를 수립했으며 성서의 비유적 해석(알레고리)을 사용했다. 그리하여 니케아 공의회 이전까지 당대의 최고 신학자로 추앙받았으며 동방교회의 신학에 지대한 영향을 미쳤다. 최초의 조직신학서인 《원리론De Principiis》와 변증서 《켈수스를 논박함Contra Celsum》이 대표작이다.

판했던 켈수스를 논박하는 변증서를 썼다. 그는 그리스도인들은 외적인 전쟁보다는 기도와 영적 훈련을 통해 내면에 진정한 정의와 평화가 뿌리내리도록 힘쓰는 내적 싸움(분투)를 통해 사회에 봉사한다고 주장하기도 하였다. 구약성서를 부정하기보다는 우의적이고 영적으로 해석하면서 수용하는 이러한 오리게네스의 전통은 그리스도교 신학사에 면면히 이어졌다. 이는 종교적인 투쟁을 내면적 싸움에 국한시키고 히브리성서의 전쟁과 관련된 구절들도 모두 일종의 상징적이고 비유적인 것으로 해석함으로써, 정교분리의 시원적 논리를 제공하기도 하였기 때문이다.

정당 전쟁 신학 vs. 평화주의 신학

초기 그리스도교의 평화운동은 시기와 지역에 따라 편차가 있다. 비교적 평화주의가 강했다고 평가되는 4세기 이전에도 전쟁의 필요성이 상존했던 변경지역과 비교적 평화가 유지된 지역에서의 그리스도교인들의 태도는 차이가 있었다.

4세기 콘스탄티누스 대제의 그리스도교 공인 이후 군대 내 그리스도인들의 수가 급격히 늘어나며 로마의 황제가 그리스도교의 수호자를 자처하는 등 국가와 종교의 관계 양상이 달라지게 되자, 초기 그리스도교의 평화주의적 관점을 현실적으로 유지하기가 어려워졌던 것이다. 로마 황제의 비호 아래 보편교회가 확립되는 과정에서 철저한 평화주의자들은 수도원을 택하거나 교파화 되어 분리되었다. 한편 보편교회를 옹호하는 교부들은 그리스도교 윤리의 틀 안에서 그리스도교 제국을 유지하는 무력 및 공권력을 승인하지 않을 수 없는 문제에 직면하여 정당전쟁론과 같은 신학적 논리를 발전시켰다. 그에 대해 평화주의 신학을 추구하는 입장에서는 왕이나 황제, 제국의 억압과 폭력을 질서의 수단으로 신학적으로 정당화하고 다시 궁정신학과 흡사한 제국신학이 대두하여 그리스도교 본래의 평화사상이 후퇴하였다는 비판이 지배적이다. 특히 4~5세기 북아프리카의 주교로서 펠라기우스주의 및 도나투스파와의 신학적 논쟁에서 보편교회를 대변하는 핵심적인 역할을 했던 아우구스티누스Augustinus of Hippo(354~430년)는 정당 전쟁의 불가피성을 승인하고, 이단과 분파의 해악을 막기 위해 강압과 폭력적 수단을 사용할 수 있는 신학적 논리를 수립한 장본인으로 손꼽힌다.

아우구스티누스의 정당한 전쟁에 대한 옹호

대박해의 시기를 지나 313년 콘스탄티누스 황제가 그리스도교를 공인한데 이어 테오도시우스 황제에 의해 그리스도교는 로마 제국과 지중해 사회에서 주류 종교의 위상을 획득하였다. 테오도시우스 황제는 명실 공히 '그리스도교 시대'를 열었다. 그것은 순교와 박해의 역사에 종지부를 찍었다는 점에서 '그리스도교의 승리'였을 뿐 아니라, 그리스 로마의 전통종교를 촌뜨기, 시골뜨기를 뜻하는 이교Paganism로 주변화시킨 이른바 '그리스도교 시대Tempora Christiana'의 시작이었다.

그러나 초기 평화주의를 지지하는 입장에서는 이 시대를 그리스도교 정신이 와해되고 타락한 시대로 평가한다. 그 가장 큰 이유는 예수가 평화와 사랑의 복음을 통해 비판하고 극복했던 전쟁과 폭력을 다시 인정하고 교회의 신학이론을 통해 정당화하고 있기 때문이다. 보편교회의 수호에 앞장섰던 아우구스티누스는 전쟁과 사랑의 관계에 대하여 전쟁을 통한 징벌이나 이단에 대한 강압적 제제는 증오의 표시가 아니라 오히려 악을 교정하려는 궁극적 사랑의 표시라는 논리를 폈다. 그를 통해 보편교회로부터 이단을 분리하고 혼돈을 막기 위한 국가의 공권력을 용인했을 뿐 아니라 부분적으로 사랑의 신학으로 정당화했다는 부정적 평가를 받는다.[86]

그러나 아우구스티누스의 신학은 피상적으로 제국신학이자 정당한 전쟁의 신학으로 매도하기에는 그 깊이나 영향력이 대단히

아우구스티누스는 전쟁과 사랑의 관계에 대하여 전쟁을 통한 징벌이나 이단에 대한 강압적 제재는 증오의 표시가 아니라 오히려 악을 교정하려는 궁극적 사랑의 표시라는 논리로 성스러운 전쟁을 옹호하였다. 그림은 〈성 아우구스티누스〉.

86 이상규, 〈초기 기독교의 평화주의 전통〉, 《역사신학 논총》제 11집(2006), 23-24.

크다. 아우구스티누스의 신학은 중세 그리스도교와 종교개혁 이후의 개신교의 입장에까지 깊은 영향을 주었던 것이다. 그것은 그의 신학이 현실주의적 타협을 통해 황제와 국가 권력에 무소불위의 신성성을 부여하는 완전한 정교일치형의 모델보다 그리스도교 현실주의와 이상주의의 창조적 긴장을 유지하는 신학적으로 정교한 평화론을 제시했기 때문이다.

아우구스티누스는 반달족의 침입에 의해 서로마제국이 몰락하는 것을 바라보면서 쓴《신국론De Civitate Dei》이라는 대작으로 그리스 로마의 고전문명과 그리스도교 사상의 비판적 종합을 시도하여 중세 교부신학을 대표하게 된다.《신국론》에서 그는 영원법에 의해 다스려지는 '하나님의 도성'과 실정법에 의한 '지상의 도성'을 구별한다. 그에 때르면 두 도성은 두 사랑으로부터 갈라진다. 최고 선인 하나님에 대한 사랑으로부터 '하나님의 도성'이 비롯되고, 저열한 낮은 것들에 대한 사랑(탐욕)으로부터 '지상의 도성'이 비롯된다.[87] 아우구스티누스는 신에 대한 사랑과 신의 사랑에 의해 조화를 이루는 '하나님의 도성'에서는 사랑에 의한 영원법의 지배를 받으므로 억압과 폭력이 불필요하다고 보았다. 그러나 죄와 탐욕에 의해 지배받는 '지상의 도성'은 파국을 막고 치안과 질서를 유지하기 위한 차선책으로 현실적 권력행사가 불가피함을 인정했다.

그러나 아우구스티누스는《콘스탄티누스의 생애》를 쓴 에우세비오스와 같이 그리스도교 황제의 통치와 실정법이 신적 질서를 대리하고 구현한다고 낙관하지는 않았다. 그는 오히려 실정법이 하나님 도성의 영원법을 그 법리적 근거로 해야 하며 지상의 국가

---

87 아구스티누스, 성염 역주,《신국론》(칠곡: 분도, 2004).

는 하느님의 도성이 구현된 그리스도교 공동체를 모델로 할 때만 정의로운 국가가 될 수 있다고 주장했던 것이다. 즉 타락한 인간 사회에서 더 나쁜 결과를 억제하기 위해 국가의 통치와 공권력이 차악으로 필요하지만, 진리와 정의에 입각하지 않는다면 국가권력은 강도질, 도적질과 다를 게 없다는 한계를 명백히 지적했다. 영원법, 즉 신적 진리와 사랑의 관점에서 현실국가와 통치자를 견제하고 비판할 수 있는 가능성을 열어놓았던 것이다.

아우구스티누스는 현실의 제도 교회와 영원법에 의해 통치되는 진정한 교회를 완전히 동일시하지 않고, 지상의 도성과 하나님의 도성의 창조적인 긴장을 유지함으로써 '거짓평화론'을 비판할 수 있는 토대는 남겨두었다. 그러나 이러한 균형은 신학적 가능성으로는 견지되었더라도, 역사 속에서 쉽게 유지될 수 없었던 것이 사실이다. 그렇게 아우구스티누스의 신학은 궁극적 평화와 현실 정치에 의한 잠정적 상대적 평화를 구별할 수 있는 이중시민권의 장치를 가지고 있음에도 불구하고, 그러한 복합성과 양면성에 의해 제도교회를 정치화하고 정치권력을 신학적으로 정당화하는 기능으로 치우치기 쉬웠던 것이다.

아우구스티누스의 신학이 현실 정치권력을 정당화하고 이단시된 타자를 억압하는 수단이 된 데는 로마 지식인이었던 아우구스티누스의 평화관도 영향을 미쳤을 것이다. 그는 로마의 평화 이해와 유사하게 평화를 조화롭고 평온한 질서가 유지되는 상태로 보았다. 그는 타락이 창조의 질서를 거슬러 열등한 것을 사랑하고 오만에 빠진 것이며, 진정한 평화는 타락의 결과 초래된 부조화와 혼돈에서 벗어나 하나님이 창조하신 질서에 따라 모든 것이 조화롭고 질서정연하게 자기 위치에서 있을 때 얻어질 수 있다고 여겼다. 말하자면 존재하는 모든 것들이 질서 정연하게 제 위치에 있는 것을 참된 평화로 여긴 것이다. 이러한 평화이해는 조화와 질서를 강조하는 로마적인 평화 이해와 맞닿아 있어 권력자들에 유리하게 해석될 여지가 확대되었다.

따라서 아우구스티누스의 신학에서는 창조와 구원의 주체로서의 하나님이 가장 낮은 자들에게까지 베푸는 동정과 사랑이 생생한 삶의 언어보다는 보편적 원죄와 보편적 구원의 다소 교리적 언어로 표현되고 있다. 또한 평화이해에 있어서도 영원한 창조의 질서가 만물 ⋯▸ 인간 ⋯▸ 하나님의 위계적 사슬로 이루어져 있어, 인간과 자연환경과의 평화나 인간과 하나님의 평화를 수직적으로 이해하고 있다는 것이 현재의 맥락에서는 큰 한계로 지적될 수 있다.

아우구스티누스의 신학이 잘 보여주는 것처럼, 교회와 국가의 관계가 적대적인 관계에서 우호적인 관계로 변화하고 사회 안에서 교회가 박해받는 소수파에서 사회를 지도하는 다수파로 변화되면서 그리스도교회의 평화론의 무게 중심이 약자 중심에서 강자 중심으로 이동하였다. 교회는 사회의 안녕과 번영을 위해, 심지어 사회의 안녕을 지키고 적을 물리치는 군대를 위해서도 기도하는 역할을 담당하게 되었으며, 엄격한 방어의 수단만이 아니라 징벌과 응징의 수단으로도 전쟁을 용인하거나 찬성하는 모습을 보여주기도 했다.

이러한 주류의 흐름을 타락 혹은 퇴보로 비판하면서 근본적으로 전쟁을 반대하고 군 복무 거부 입장을 취하며 어떤 폭력적 수단도 용인하지 않는 철저한 비폭력을 주장한 절대적 평화주의자들은 이단시되거나 소수 종파로만 명맥을 유지하였다. 또한 세속을 벗어나 수도원적 영성을 택하고 내향적 평화를 추구하는 방향으로 선회하였다. 따라서 급진적인 그리스도교 평화주의는 왈도파, 보헤미아 형제단, 퀘이커교, 재세례파, 여호와의 증인 등과 같이 상대적으로 소수 교파로 명맥을 유지하거나 개인적인 영성으로 존재하게 되었다.

그리스도교 평화주의의 곤경과 탈근대 평화 담론

전쟁과 폭력에 대한 입장과 관련하여 그리스도교의 태도는 어떤 입장에서도 전쟁과 폭력을 전면 부인하는 절대 평화주의 입장과 그리스도교 정신에 근거하되 현실적 필요에 의해 작은 악惡으로 큰 악惡을 막아내는 정당전쟁을 인정하는 현실주의적 평화론이 있다. 아우구스티누스의 신학으로부터 아퀴나스의 중세 신학, 종교개혁자들의 신학, 니버의 기독교 현실주의 등 현재 그리스도교 신학의 주류는 미묘한 차이는 있을지라도 모두 후자에 속한다. 반면 절대적 평화주의 입장은 예수의 복음이 폭력으로부터의 해방과 자유를 주었음을 강조하고 그러한 평화의 복음을 지켜가고자 한다. 그 점에서 그리스도교가 로마 사회에서 억압받는 소종파였을 때 주류 사회에 저항하면서 보여준 급진성에 주목한다. 그러나 그리스도교 주류 교단은 비폭력주의만으로는 현실적으로 더 큰 악을 방조하거나 양산할 수 있다고 보면서, 복잡하고 구체적인 현실 속에서 그리스도교적 평화를 최대한 구현할 수 있는 샬롬 통치의 길을 찾고자 하는 방향으로 발전해갔다.

유대교와 마찬가지로 그리스도교 전통도 평화를 완전한 구원과 해방의 상태로 바라본다. 또한 그러한 평화는 근본적으로 사랑과 정의의 완전한 조화를 가능하게 한 하나님이자 하나님이 보낸 아들 그리스도를 통해서만 실현된다고 본다. 그리스도교는 합리적 법치가 폭력을 근절하고 평화를 가능하게 하리라는 헬레니즘 철학의 낙관론의 한계를 날카롭게 지적했을 뿐 아니라, 율법(샬롬의 계약)의 준수를 통한 유대교적 평화의 제한성을 비판했다. 그리고 모든 인간이 불완전한 비평화의 상태로부터 해방되는 진정한 평화는 메시아이신 그리스도를 통해 가능하다고 선언한다. 무죄한 그리스

그리스도교의 평화론적 가치는 현실의 평화가 가지는 상대적이고 제한적인 평화실현을 비판하고 절대적이고 보편적인 평화의 이상을 제시하였다는 점이다. 그림은 고갱의 〈황색 그리스도〉.

도의 자기희생과 원수와 적에게까지 베푼 보편적인 사랑으로 인해서 악을 악으로 갚지 않고 폭력의 악순환 끊는 새로운 평화의 길이 열렸다는 것이다.

그것은 인간과 세계를 선하게 창조한 사랑과 정의의 주인이며 보편적 구원의 주체인 하나님에 대한 신앙고백이라고 할 수 있다. 그런 점에서 유대교와 그리스도교의 유일신 신앙은 인류 역사 속에 등장한 그 어떤 상대적인 것을 절대화하는 모든 것들을 우상, 유사종교, 거짓종교로 비판한다. 또한 고대종교가 자연을 신격화한 것을 계몽하고, 종교적 기능을 하는 모든 세속적인 권력과 정신적 속박에 맞설 수 있는 자유를 주었고 모든 인간과 모든 민족에게 제한 없이 적용되는 절대적 평화의 이상을 제시했던 것이다.

결론적으로 유일신 신앙의 평화론적 가치는 특정집단이나 국가를 통한 현실의 평화가 가지는 상대적이고 제한적인 평화실현을 비판하고 절대적이고 보편적인 평화의 이상을 제시하였다는 점이라고 할 수 있다. 만약 그것이 진정한 평화라면 가장 억압받고 고통 속에 있는 사람, 난민과 포로, 천대받는 계층, 사회적 약자에게도 동일한 평화이고 기쁜 소식이어야 한다는 것을 천명한 것이다.

그러나 한편으로 역사 안에서 제국이나 제도교회가 그러한 보편적이고 절대적인 평화의 유일하고 합법적인 대리자이나 집행자임을 자임하게 될 때, 유일신 신앙이 제시한 생명과 진리의 길은 폭력적인 죽음의 길이 될 수 있다는 것이 역사적 교훈이며, 그리스도교적 평화의 도전적 난제로 남아있음도 주지의 사실이다. 이단에 대한 박해와 중세의 마녀사냥, 십자군전쟁, 제국주의적 침략의 무기가 된 선교의 열의, 종교 근본주의의 폭력 등은 그리스도교의 정

의와 사랑의 조화로서의 평화가 어떻게 비평화와 불법적 폭력의
무기가 될 수 있는지 보여주기 때문이다.

탈근대 그리스도교 평화주의 전략과 과제

이와 같이 역사적으로 약자보다는 지배자의 편에 서서 '질서로
서의 평화'를 위해 폭력을 용인하거나 묵인했던 정당전쟁의 신학
뿐만 아니라 비폭력적 평화주의의 현실적 무력함을 비판하면서,
최근 탈근대 유대교 신학과 그리스도교 신학은 다른 길을 탐색하
고 있다.

무고하게 억압받는 자들을 폭력으로부터 구하는 대항폭력을 사
랑의 행위로 이해하고 유일신 종교 전통이 공유하는 의로운 전쟁
론의 원 의미를 다시 히브리민족의 맥락으로 회복시키려는 담론이
최근 급진적 유대 그리스도교 평화주의의 모습으로 대두하고 있는
것이다. 특히 유대계 사상가 발터 벤야민은 실정법에 입각한 승인
된 폭력의 정당성만을 인정할 때 지배계층의 이해를 반영하는 법
이 폭력을 독점하는 한계를 가짐을 지적하고 법 정립적 폭력의 근
거가 되는 신화적 폭력과 구분하여 신적 폭력의 개념을 제시하여
탈근대 유대 그리스도교 평화 담론에 활력을 불어넣었다.

벤야민 이후 알랭 바디우, 슬라보예 지젝 등의 현대적 논의들은
이러한 신적 폭력 개념을 프롤레타리아 혁명과 연관시키고 아무것
도 가진 것 없는 다중에 의한 신적 폭력을 진리의 사건, 메시아적
사랑의 통치와 연결시킨다. 이러한 논의가 가지는 의의는 21세기
지구촌 세계의 공존을 위한 새로운 대의로 유일신 신앙과 초기 그
리스도교 전통의 보편적 가능성을 재탐구하고 있다는 점이다.

문제는 메시아에 의한 신적 통치와 사회주의혁명을 연결시킬 때, 과연 누가 과연 신적 폭력을 대리할 수 있는 다중이 될 것인가 이다. 이러한 탈근대 담론은 유일신 종교의 평화사상이 가지는 무차별적 보편주의에 다시 주목하게 한다는 점에서 의미가 있으나, 역사를 되돌아볼 때 종교가 정당화한 물리적 제도적 폭력이나 문화적 폭력보다도 혁명 과정에서의 과도하고 무고한 폭력의 희생이 컸다는 점에 대해 간과하고 있다는 비판도 만만치 않다.

　따라서 책임있는 사랑의 행동으로 '대항폭력'을 주장하는 것은 신학적으로 용인될 수 없고 정치적으로 명분도 없다는 것이다.(리처드 셜록) 또한 현대적 그리스도교 평화주의를 대표하는 존 하워드 요더는 '혁명적 복종'이라는 기독론에 근거하여 하나님 나라는 폭력이 아니라 사랑과 평화를 통해 세워진다는 입장을 견지하면서, 절대적 평화주의는 아우슈비츠와 같이 폭력이 극단화되는 현실 속에서 한계가 있음을 지적하고 양심적으로 선택된 폭력도 존중되어야 한다고 주장했다. 즉 비폭력을 절대화하는 것에도 유보적인 그리스도교 신학적 입장을 개진한 것이다.[88]

　유대교와 그리스도교는 모두 창조주이며 구원자인 유일신 하나님에 대한 신앙에 기반하여 평화를 이상적인 구원의 상태로 이해하고 있다. 그리고 그러한 신적 평화는 단지 내면의 평화나 실존적 평화만도 아니며 단순히 국가 간이나 인간 사회의 분쟁과 갈등이 종식된 상태가 아니라, 적극적으로 신의 사랑과 정의가 공동체 안에 구현된 이상적 상태를 의미한다. 그러한 평화의 이상은 특정

---

88 이국현, 〈폭력과 저항의 탈근대적 논의와 기독교 평화주의〉, 《신학논단》제78집 (2014), 159-190.

한 물리적 장소나 시대에 국한되지 않는 보편성의 근거가 되는 유일신의 초월성과 창조와 구원을 경륜하는 평화의 주권에 의해 주어진다. 유대교와 그리스도교를 통해 그러한 이상은 인종, 민족, 성별, 계급의 장벽을 넘어 확대되었다.

그러나 그러한 계기에서, 즉 불완전한 인간사회가 사랑과 정의의 조화를 어떻게 실현할 것인가의 문제와 그 과정에서 되풀이되어온 전쟁과 폭력의 양상은 유대 그리스도교의 평화론을 반복적으로 위협하는 것처럼 보인다. 따라서 최근에는 오히려 그리스도교의 평화론의 축을 사랑과 정의로부터 환경과 생명으로 이동시키자는 주장도 등장하고 있는 것이다. 유일신 종교가 가진 가능성과 잠재력을 포기하지 않고 그 폭력적 양상을 극복할 수 있는 길을 모색하는 것이 미래 종교로의 가능성에 대한 시금석이 될 것이기 때문이다.

4

이슬람의
평화사상과 그 전개

이슬람 경전의 평화사상

이슬람의 이미지는 20세기 이전부터 서구 유럽에 의해 왜곡되어 왔고 21세기에 접어들면서 이슬람 테러, 이슬람 포비아Islam phobia 등과 결부된 이슬람의 폭력적 이미지가 전 세계적으로 확산되었다. 특히 2001년 이슬람 무장단체 알카에다의 테러 사건은 이슬람의 폭력성을 전 세계인에게 각인시키는 계기가 되었다. 그 후에 지속적으로 이슬람의 폭력적인 이미지가 왜곡되고 재생산되어 이슬람은 폭력적인 종교라는 인식이 강하게 자리 잡혀 있다. 그러나 이슬람은 근본적으로 평화를 추구하는 종교이다. '이슬람'이란 '알라(하나님)의 뜻에 절대순종'한다는 의미인데, 알라에 대한 절대순종으로 신자 개인이나 이슬람 공동체는 마음의 안정과 완전한 평화의 질서를 얻을 수 있다는 신앙적 의미로 해석될 수 있다. 즉 이슬람이란 이름 자체에도 '안정'과 '평화'이라는 의미가 포함되어 있다.[89] 평화를 추구하는 무슬림들은 이슬람 경전 꾸란Qur'an과 무함마드의 언행록인 하디스Hadith를 주요 성서로 따른다. 꾸란은 예언자 무함마드가 유일신 알라(하나님)로부터 계시받은 내용이며 단순히 종교적인 경전을 넘어 무슬림들의 신앙과 종교적 실천양식의 기원이자 기준이 되기 때문에 꾸란에 나타난 평화사상에 대해 먼저 살펴보아야 한다.

꾸란

'이슬람'은 예언자 무함마드가 계시로 받은 유일신 신앙의 이름으로 이슬람의 경전 꾸란Qur'an에 등장한다. '이슬람'이란 단어는 꾸란에 총 8번 나오는데, 완벽한 유일신 신앙과 신에 대한 순종을 의미한다. 또한 어원적 측면에서 '이슬람'은 "복종하다, 순종하다"를 뜻하는 아랍어 동사 아슬라마aslama에서 파생된 동명사이며, "복종함, 순종함"이라는 뜻을 지닌다. 이와 더불어 자발적으로, 능동적으로 한다는 의미를 지닌 '헌신'이라는 표현도 적합하다고 볼 수 있다. 즉 무슬림들이 말하는 이슬람은 절대자 하나님에 대한 완전한 복종을 통해 평화를 얻는 것이며, '신의 뜻'에 대한 헌신이다. 이슬람교의 '평화'는 유일신 알라에 대한 완전한 헌신과 복종의 결과이다. 알라가 평화의 근원이기 때문이다. "이분이야말로 알라, 그 외에는 신이 없다. 주권자이자 거룩하신 분, 평화의 근원이시며 성실하신 분..."[90] 이라는 꾸란 59장 23절은 복종과 헌신을 통한 평

---

89 김정위, 〈이슬람의 평화사상〉, 《한국중동학회》 제10집 1호(1989), 211.
90 이원삼, 《이슬람세계 석유와 좌절뿐인가 II》(아산: 선문대출판부, 2013), 193.

화의 속성을 잘 나타낸다. "무슬림이 행하는 모든 행위의 기준은 꾸란과 하디스에 나타나 있는 신과 무함마드에 대한 절대적인 순종이다. 이러한 순종은 믿는 것으로 그치는 것이 아니라 구체적인 실천을 요구하며, 그 보상으로 심판의 날에 절대 평화의 경지인 천국에 이르는 것이다"[91]

아랍어로 '살람Salam'은 평화, 평안, 평온, 안전, 인사 등을 의미하고, 무사하다, 안전하다, 구원되다 등의 아랍어 동사 살리마Salima의 파생형이다. 꾸란에는 '살람'이라는 단어가 총 42차례 나온다. 꾸란 4장 94절의 "살람으로 인사하라"는 말에는 상대방의 안녕과 평안을 바라는 의미가 포함되어 있다. 이처럼 꾸란은 무슬림들에게 알라의 뜻을 따라 사는 이들에게 주어지는 자비와 축복의 결과로서 평화를 가르치고 있다.

'한 손에는 칼, 한 손에는 코란'이라는 경구로 인해 이슬람은 국제사회에서 극단적인 종교로 인식되어 왔다. 그러나 이 구절은 꾸란에 근거한 것이 아니며, 이슬람 내에서 통용되는 논리라고도 볼 수 없다. 이는 십자군이 이슬람 원정에 실패한 13세기 무렵 토마스 아퀴나스의 왜곡된 시각에 의해 만들어진 말(일 뿐)이다.

꾸란은 무슬림이라는 이유로 종교적 갈등에 휘말리거나 내쫓김을 당하지 않는 한, 무슬림들에게 다른 종교 신자들과 평화를 유지하도록 가르친다.

"신은 종교 때문에 너희들과 싸우지 않고 너희들을 사는 곳에서 쫓아내지 않는 사람들과 함께 하는 것을 금하지 않으신다. 그들을 의롭고 올바

91 안신, 〈이슬람과 기독교의 평화론에 대한 비교연구: 지구공동체를 위한 평화윤리의 가능성〉, 《대학과 선교》제20집(2011), 20.

르게 대하고 행동하라. 신은 올바르게 행동하는 이들을 사랑하신다."[92]

"신은 종교 때문에 너희들과 싸우고 너희들을 사는 곳에서 쫓아내는 사람들과 함께하는 것을 금하신다. 그들과 어울리지 말라. 그들과 어울리는 자는 누구든지 악인이니라."(꾸란 60:9)[93]

또한 다음 구절에서는 이슬람이 적에 대하여 관용적이며, 선제공격을 금지하고, 평화주의적인 태도를 보이고 있다는 것을 알 수 있다.[94]

"악에 대한 보복은 악 그 자체와 같으니라. 적을 용서하고 평화를 구하는 자 그들은 하나님과 함께하는 보상을 누릴지니라."(꾸란 42:40)

"너희에게 도전하는 하나님의 적들에게 도전하되 그러나 먼저 공격하지 말라 하나님은 공격하는 자들을 사랑하지 않으시니라."(꾸란 2:190)

"증오하거나 공격하지 말고 정의와 신앙을 위해 서로 협동하라."(꾸란 5:2)

국제사회에서는 지하드의 폭력성만을 부각하여 이슬람의 이미지를 부정적으로 인식하는 경우가 많았다. 그러나 위에서 볼 수 있듯이 꾸란도 신약성서와 마찬가지로 악을 악으로 갚는 보복을 금하고 적을 용서하고 평화를 구하는 것이 신의 뜻이라고 가르치고 있다. "적이 평화 쪽으로 기운다면 그쪽으로 향하라."(꾸란 8:61)는

---

[92] 꾸란 60: 8: 박현도, 〈IS의 비무슬림 살해: 꾸란의 비무슬림 살해 연구〉,《인문과학연구논총》제36집 2호(2015), 146에서 재인용.
[93] 꾸란 60: 8: 박현도, 〈IS의 비무슬림 살해: 꾸란의 비무슬림 살해 연구〉, 146에서 재인용.
[94] 이원삼,《이슬람세계 석유와 좌절뿐인가 II》, 194.

무슬림들이 말하는 이슬람은 절대자 하나님에 대한 완전한 복종을 통해 평화를 얻는 것이다. 사진은 〈꾸란〉.

구절처럼 꾸란에 근거한 지하드는 최후의 수단으로서 '방어적 지하드聖戰'였다.[95] 지하드Jihad는 물리적 공격과 폭력의 의미로 쉽게 인식되곤 하지만, 아랍어로 애씀, 노력, 전쟁 등 복합적 의미를 가지며, 전쟁을 뜻할 경우에도 타종교나 불신자에 대한 일방적 폭력이 아니라 상대방의 태도와 상황에 따라 다르게 적용되었다.

"그러나 너희와 동맹을 맺고 있는 부족으로 피신을 오는 자나 또는 그들의 마음이 너희의 그 부족과 싸움을 억제하려는 그들과는 제외라. 만일 하나님이 원하셨다면 너희를 제압할 수 있는 힘을 그들에게 주어 그들이 너희와 싸우도록 했으리라. 그러므로 그들이 너희로부터 물러나 너희와 화평함을 원한다면 하나님께서 너희로 하여금 그들을 공격도록 길을 열어 주시지 아니하니라. 한편 너희로부터 안전함을 꾀하

95 안신, 〈이슬람과 기독교의 평화론에 대한 비교연구: 지구공동체를 위한 평화윤리의 가능성〉, 20.

고 그들의 부족을 안전케 하려는 또 다른 위선자의 무리를 발견하리니 그들이 돌아가 불신할 때마다 패배할 것이라. 만일 그들이 너희로부터 물러서지 아니하고 또 평화를 제안하지 아니할 때는 너희가 어디서 그들을 발견하면 그들을 포획하여 살해하라. 이는 하나님이 너희를 위해 그 권한을 부여하였노라. 믿는 자가 믿는 자를 살해하지 아니함이라. [중략] 고의적으로 믿는 자를 살해한 자에 대한 대가는 지옥이며 그곳에서 영원히 거주하리라. 또한 하나님은 그에게 노여워하고 저주를 하시며 무서운 벌을 준비하시니라. 믿는 자들이여 너희가 [알라]의 길에 나섰을 때 주의 깊게 살필 것이며 이슬람으로 인사하는 그에게 너는 믿는 신앙인이 아니며 현세의 기회적 이익을 갈구하도라라고 말하지 말라. 풍성한 전리품은 하나님 곁에 있노라. 그와 마찬가지로 이전의 너희도 그랬노라. 그러나 [알라]께서 너희에게 은혜를 베푸셨으니 주의 깊게 살필 것이라. [알라는] 너희가 행하는 모든 것을 알고 계시니라."[96]

본래 이슬람의 맥락에서 지하드Jihad는 무질서와 혼돈의 세계에서 질서와 평화의 세계로 나아가는 모든 내·외적 노력과 실천을 의미한다. 이러한 지하드는 하나님의 계명(꾸란 16:10-13)에 따른 것이지만 무슬림의 힘이 충만하여 이교도를 제압할 수 있을 때만 의무적인 것이다(꾸란 2:190).[97] 반면 지하드의 의미를 극단적으로 해석할 수 있는 다음과 같은 꾸란 구절이 있다.

"만일 너희가 (어떤 전쟁터에서) 불신자와 맞닥뜨린다면 (칼로 그들의) 목을 내리쳐라! … 하느님을 위하여(하느님의 길 위에서) 죽임을 당한 (싸운) 사람들의 업적을 그가 헛되게 하지 (이로써 그들이 목표에 도달하지 못하게 되지) 않으실 것이다. 그는 그들을 올바로 인도하실 것이며, 그들을 위하여 모든 것을 바로 잡아주실 것이며, 그가 그들에게 알게

---

96 최영길 편역《성 꾸란》4: 90-94: 안신, 〈이슬람과 기독교의 평화론에 대한 비교연구: 지구공동체를 위한 평화윤리의가능성〉, 21에서 재인용.
97 김정위, 〈이슬람의 평화사상〉, 219.

하신 낙원으로 들어가게 하실 것이다."[98]

일부 과격한 무슬림들은 이 구절을 자의적으로 해석하면서 이슬람의 폭력성과 지하드를 정당화한다.

그러나 이 구절은 이슬람이 평화를 추구하지만 이상적이고 맹목적인 평화를 추구하지는 않음을 보여준다. 그렇기 때문에 평화적인 방법을 추구하다가 평화적인 해결이 불가능해질 때 전쟁을 최후의 수단으로 허용하고 있다.[99]

하디스

하디스는 이슬람의 주요 경전 중 하나로, 무함마드의 언행록이다. 이슬람의 평화사상을 이해하기 위해서 꾸란뿐만 아니라 무함마드의 언행록인 하디스를 살펴보아야 한다. 하디스는 알라의 말씀에 따른 무함마드 실천을 기록한 경전이다.

하디스에는 무함마드의 평화사상과 실천이 기록되어 있다. 한 예로 632년 무함마드의 고별설교를 들 수 있다. 그의 고별설교는 "여러분의 생명과 여러분의 재산이 신성"하다는 내용으로 당시 12만 4천 명의 순례자들이 운집한 곳에서 행해졌다.[100] 마지막 설교에서 무함마드는 인간 상호 간 요구되는 "사유재산의 신성함, 유산상속문제, 이자의 금지, 살인 복수의 금지, 부부간 권리, 노예처우와 해방문제 등"의 평화지침을 제창하였다.[101] 나아가 인간평등선언을

---

98 한스 큉, 손성현 역, 옮김,《(한스 큉의) 이슬람: 역사 · 현재 · 미래》(서울: 시와진실, 2012), 1054.
99 이원삼,《이슬람세계 석유와 좌절뿐인가 II》, 195.
100 안신, 〈이슬람과 기독교의 평화론에 대한 비교연구〉, 18.
101 손주영 역,《이슬람 - 교리, 사상, 역사》(서울: 일조각, 2005), 158-159; 안신 · 허우성, 〈예언자 무함마드의 평화사상에 대한 연구: 소통과 공존의 지하드론을 중심으로〉, 《한국이슬람학회논총》18(2)(2005), 31.

무함마드는 인간평등선언을 통해 "인간 모두는 인종, 민족, 국가, 피부색, 계급, 신분, 언어에 관계없이 신 앞에 평등하다"는 뜻을 나타냈다. 사진은 《하디스》.

통해 "인간 모두는 인종, 민족, 국가, 피부색, 계급, 신분, 언어에 관계없이 신 앞에 평등하다"는 뜻을 나타냈다.[102]

또한, 그는 피의 복수가 아닌 용서를 선포하였으며 살해범에 대한 복수를 취하했다. 그는 또한 삶의 지표를 제시하기 위해 꾸란과 하디스를 남겼으며, 오행의 의무를 실천함으로써 마지막 심판의 날에 천국에 이르도록 권고하였다.[103] 평화를 강조하는 구절들도 찾아볼 수 있다. "오 인간들이여 적과 조우할 경우에는 인내하고 파라다이스가 칼날의 그늘에 있다는 것을 기억할지어다."라고 말하면서 전쟁을 피하고 평화를 구현할 것을 요구하고 있다.

예언자 무함마드의 언행록 중 다음 내용과 같이 그는 폭력보다는 민족과 인종을 초월한 화합을 강조하였다.

"모든 인류가 아담과 하와로부터 왔다. [그러므로] 아랍인이 비아랍인보다 우월하지 않고 비아랍인이 아랍인보다 우월하지 않다. 백인이 흑인보다 우월하지 않고 흑인이 백인보다 우월하지 않다. 오로지 신앙과

---

102 손주영, 《이슬람 - 교리, 사상, 역사》. 31.
103 안신, 〈이슬람과 기독교의 평화론에 대한 비교연구〉. 18.

선행으로 우월함을 결정할 뿐이다. 모든 무슬림은 서로 형제이며 무슬림들은 하나의 형제임을 기억하라. 자유롭게 의지로 주어지지 않는다면 다른 무슬림에게 속한 것은 어떤 것도 빼앗을 수 없다. 그러므로 너희들 안에 부정의를 행하지 말라. 어느 날 알라 앞에 나아가 당신의 행실대로 답변을 할 것이라는 사실을 기억하라. 내가 사라진 후에 정의의 길에서 벗어나지 말라."[104]

즉, 인류의 뿌리가 아담과 하와로부터 시작되므로 모든 인류는 형제로서 알라 앞에 평등한 존재라는 것이다. 무함마드는 민족과 인종보다 중요한 것은 신앙과 선행이며, 본인의 사후에도 정의를 추구할 것을 강조하였다. 또한 이슬람에서 비폭력이란 단순히 폭력을 행하지 않는 것이 아니라 폭력의 근원을 완전히 제거하는 것이다. 그러므로 이슬람의 가르침에 따라 곤경과 갈등 및 위기에 처해있는 사람을 돕는 것은 무슬림의 의무이다. 예를 들어, 무슬림을 억압하고 박해하던 사람들이 어느 해 심각한 가뭄이 들어 도움을 청하자, 무함마드는 그들에게 음식을 기꺼이 제공하였다고 전해진다.[105]

지하드는 무슬림이 절대적인 알라(하나님)에 전적으로 순종하기 위해 기울이는 모든 방식의 노력이라 할 수 있다. 그러나 이슬람에서는 공격적인 태도와 말, 그리고 행위 모두 폭력으로 간주한다. 그러므로 불가피하게 시작된 '방어를 위한' 전쟁이라 할지라도 정의를 보호하고 질서를 회복하는 차원에서 진행되어야 한다.[106]

---

104 Kaleem-Ullah Kahn, *Islam: The Source of Universal Peace*(New Delhi: Goodword Books, 2003), 145-146; 안신, 〈이슬람과 기독교의 평화론에 대한 비교연구〉, 18에서 재인용.
105 안신, 〈이슬람과 기독교의 평화론에 대한 비교연구〉, 24.
106 안신, 〈이슬람과 기독교의 평화론에 대한 비교연구〉, 24.

이슬람 역사에서 나타난 평화사상의 발전

이슬람에서 평화는 알라의 99가지 속성 중의 하나이며, 무슬림들은 '앗쌀라무 알레이쿰Al-salam Alaykum'으로 인사를 건넨다. 이는 '당신에게 평화가 깃들기를'을 의미하는 것으로 일상적인 인사말에도 평화를 염원하는 마음이 담겨있다. 또한 이슬람에서는 무력을 사용하더라도 타자를 살육하고 제거하는 것이 아니라, 유일신 신앙을 알리고 정의를 추구하며 생명을 보호하고 알라를 위해 순교하는 데 그 목적이 있다. 따라서 알라에 대한 복종과 무슬림의 형제애, 평등사상이 이슬람 평화사상의 근간이 된다. 이슬람의 핵심인 평화사상의 발전을 알아보기 위해서는 610년 메카의 시대상황과 무함마드 시대, 칼리프 시대의 역사 전개 과정을 살펴보아야 한다.

무함마드 시대

이슬람에서는 610년 무함마드가 계시를 받기 전까지의 아랍 사회를 자힐리야Jahiliyyah라고 부르는데, 이를 흔히 '무지無知의 시대'라고 한다. 이 시대의 메카 지역 사람들은 다신교를 믿고 있었고, 다양한 신을 숭배하였다. 카바 신전 안에는 360여 개의 우상물이 있었고, 정기적으로 제물을 바쳤다. 따라서 이슬람은 다양한 종교들이 공존하고, 다양한 신을 숭배하는 문화권에서 발흥하였다. 또한 메카지역에는 아랍 부족사회로 고대부터 내려오는 보복관습이 남아있었다. 개인은 가족, 씨족, 부족의 연대를 통해 보호받을 수 있었고, 상대방이 입힌 피해를 동등하게 갚을 수 있는 권리를 갖고, 부족과 씨족의 명예를 되찾고자 하였다. 그러나 이런 식의 보복은 끝없는 복수로 이어졌다.

　전통적으로 무슬림 학자들은 예언자 무함마드가 메카에서 계시를 받은 후 메디나로 이주한 역사적 맥락을 감안하여 꾸란 계시를 메카와 메디나 시기로 나누어 구분한다. 메카에서 무함마드가 계시를 받은 후 한동안은 비밀리에 선교를 하였고, 공개선교의 계시가 내려온 후 친인척에게 선교하기 시작하였으나 주위로부터 철저하게 외면을 받았다. 다신교 신앙을 기반으로 무역업에 종사하던 꾸라이쉬Quraysh 부족은 무함마드의 유일신 사상으로 인한 피해를 받지 않기 위해서 무함마드를 방해하고 제지하였다. 박해가 극에 달해 무함마드를 암살하려는 시도가 있었고 무함마드는 무슬림들과 메디나로 이주하였다. 메카에서 야스립(메디나)로 이주한 사건이 히즈라(이슬람력)의 기준이 된다.

　무함마드는 박해받은 메카를 떠나 메디나로 이주한 후에 이슬람 공동체인 움마를 결성하였다. 메디나에서 계시받은 꾸란 구절을 보면 공동체의 삶과 관련된 법률, 타종교인과의 갈등 등 메카 시기보다 더욱 현실적인 주제가 다수를 이룬다.[107] 메디나 이주 후에 이슬람 공동체의 정체성과 내부의 결속을 다지기 위해서 무슬림에게 폭력을 사용한 방어와 공격이 허락되었다. 또한 메카의 비무슬림들이 메디나 무슬림들의 메카순례를 차단하자 무함마드는 지하드를 허용하였다. 그러나 메디나 시대의 지하드는 방어적이었고, 물리적인 폭력을 사용하면서도 그 자체를 강조하거나 장려하지는 않았다.

　평화조약에 대한 한 예로, 무함마드는 히즈라 6년에 후다이비야

---

107 박현도, 〈대화와 소통의 관점에서 본 이슬람교〉,《한국종교교육학회》제33권(2010), 5.

평화조약을 맺었다. 후다이비야 조약은 메디나로 이주한 무함마드와 메카의 꾸라이쉬 부족 사이에 체결된 평화조약이다. 628년 무함마드는 메디나에 거주하는 1,600여 명의 무슬림과 메카로 첫 성지순례를 떠났다. 그러나 메카의 꾸라이쉬 부족은 무함마드와 무슬림들의 메카 입성을 저지하였다. 무함마드와 무슬림들은 메카에서 16km 정도 떨어진 후다이비야에서 멈추어 오직 순례를 위해 메카로 가려는 것이고 어떠한 유혈사태도 일으키지 않을 것이니 순례를 허락해 달라는 뜻을 우스만 이븐 아판을 사절로 보내 전달하였다. 그러나 우스만은 메카에 잡혀있게 되고 메카에서는 수하일 이븐 아미르를 사절로 보내 일곱 가지 조항의 휴전 조약을 제시하였다.

첫째, 앞으로 10년 동안 전쟁을 하지 않는다.

둘째, 메카 쪽에서 이슬람으로 귀의하려는 사람은 막지 않는다.

셋째, 무함마드 쪽에서 꾸라이쉬의 보호를 받으려는 사람은 막지 않는다.

넷째, 미성년자나 아버지가 살아 계신 사람이 보호자 및 아버지의 허락 없이 무함마드에게 간다면 그는 그의 보호자나 아버지께 돌려보내져야 한다.

다섯, 쿠라이시에게 간 사람은 그 누구든 돌려보낼 필요가 없다.

여섯, 무함마드와 그의 추종자들은 올해에는 메디나로 돌아가며, 다음 해에 메카 순례를 하여 사흘 동안 메카에 머무를 수 있다. 그동안 메카의 꾸라이쉬 부족은 외곽의 고원지대에 있을 것이며 양쪽은 피를 흘리지 않을 것이다.

무함마드는 계시를 받은 후 다신교 전통을 가졌던 꾸라이쉬부족에게서 박해를 받았다. 이후 메카를 떠나 메디나로 이주한 후에 이슬람 공동체인 움마를 결성하고 방어적이고 물리적인 폭력을 허용하였다. 그림은 14세기 초반에 그려진 작자 미상의 작품으로 〈대천사 지브릴에게 계시를 받는 무함마드〉.

일곱, 메카 순례 때 무함마드와 그의 추종자들은 칼집이 있는 단검을 제외한 무기를 휴대하지 못한다.[108]

후다이비야 조약은 이슬람과 비이슬람 사이의 첫 평화조약으로 의미가 깊다. 이 조약은 예언자와 불신자 간에 체결된 조약으로 휴전기간 10년 동안 서로가 완전한 안정을 보장하기 위해서 무력을 사용하지 않았다. 즉, 이 조약을 통해서 군사적인 충돌을 피하고 평화적으로 분쟁을 해결한다는 것을 보여주었다. 무함마드는 아라비아 남쪽 나즈란, 북쪽의 두마트알 잔달에 있는 그리스도교 공동

108 함규진, 《조약의 세계사》 (서울: 미래의창, 2014), 28-32.

체와도 평화조약을 맺었다. 즉, 무력을 동반한 전쟁보다는 평화를 선택한 것이다. 메디나와 하이바에 거주하던 유대인과도 타민족에 대한 배타주의와 민족주의를 근절하고 화합과 평화를 구현하고자 조약을 맺었다. 조약 내용에서는 재산과 종교를 보호하고 유대인과 무슬림은 한 공동체임을 강조하였다. 또한 외부의 공격에는 공동으로 대응한다는 내용도 포함되어 있다. 이 조약을 통해서 메디나 지역의 평화체제를 구축하였고, 이슬람의 관용으로 평화를 구현하고자 하였다.

예언자 무함마드는 초기에 이슬람을 확장하는 과정에서 무슬림 공동체 내 피보호자 또는 다른 공동체의 구성원(그리스도교, 유대교도 및 다른 교도 공동체)에게 '딤미Dhimmi[109](보호받는 백성, 피보호민)'의 지위를 부여하는 관용의 자세를 취했고, 평화적으로 공존하려는 의지를 보였다. 다른 공동체 구성원들은 인두세Jizya를 지불하는 대가로 자신들의 생명과 재산을 보호받으며 기존의 신앙과 법률을 고수하도록 허용되었다.

4대 칼리프 시대

무함마드 사후, 아이샤의 아버지이자 무함마드의 조력자였던 아부 바크르(632-634)가 칼리프로 선출되어 4대 칼리프 시대가 시작되었다. 그 후로 우마르(634-644), 우스만(644-656), 알리(656-661)가 칼리프 자리에 올랐다. 그들은 칼리프 시대에 이슬람의 세력을 확

---

[109] 이슬람법에서 딤마Dhimma가 주어진 사람들을 말한다. 이 경우의 딤마는 비무슬림에 대한 생명·재산의 안전 보장을 의미한다. 주로 유대교, 그리스도교, 사비교도 등 이슬람 치아에서 인두세를 내고 자치를 허용받은 일신교도가 그에 해당하였다.《종교학대사전》,《이슬람사전》참고.

장하는 과정에서 군사력을 더해 이슬람 팽창에 추진력을 실어 주었다. 첫째, 아부 바크르는 무슬림들이 지하드를 행할 때, 예배를 행하고 있는 무리를 지나가게 된다면 종교의식을 행하도록 그대로 두라고 지시하였다.

둘째, 칼리프 우마르는 이슬람 세계를 적극적으로 팽창시켰다. 당시 비잔틴 제국과 페르시아의 세력이 약해진 상황이었으며 두 세력의 공백을 틈타 우마르는 634년 아그나다인 전투에서 비잔틴 군대와 싸워 승리하였다. 이 전쟁은 이슬람과 그리스도교의 첫 전쟁이었다. 또한 프레드 맥그로 도너Fred McGraw Donner에 따르면 정복전쟁의 승리는 조직력과 추진력, 이슬람의 종교적인 정신력이 없었다면 불가능했을 것이고, 특히 무슬림들이 성공적으로 정복운동을 조직할 수 있었던 것은 이슬람의 종교적 힘이 뒷받침해주었기 때문이다. 이슬람군은 비잔틴의 영토였던 시리아로 진격하여 635년 다마스쿠스를 함락한다. 그 후 638년 예루살렘을 함락하고, 644년에는 사산왕조의 수도 크테시폰까지 함락한다. 641년 이집트까지 정복하면서 우스만은 광활한 영토를 장악하게 된다.

그러나 이슬람은 무력으로만 팽창했다고 볼 수 없다. 광활한 영토의 사람들을 강제로 개종시키는 것을 불가능하였다. 우마르는 정치 기본법을 정립하였는데, 그 내용으로는 "아랍인 정복자들은 정복된 그곳에 살고 있던 경험 많은 지도자, 유명 인사, 관리들과 함께 일해 나가야 한다."는 것이었다.[110] 또한 이슬람 지도층은 피정복민의 상황에 따라서 계약을 체결하였고, 비잔틴 지배층을 이슬람 체제로 흡수하였다. 또한 "비무슬림은 이슬람으로 개종해야

---

110 한스 큉, 《(한스 큉의) 이슬람: 역사 · 현재 · 미래》, 334.

하는 것이 아니라 우선 정복자들에게 세금(지즈야)를 내야 했다."에서 알 수 있듯이 무슬림들은 비무슬림을 개종시키려는 노력을 하지 않았다. 개종은 세금 감소를 초래할 수 있기 때문에 장려되지 않았던 것이다. 유일신을 믿지 않는 다신론자들은 개종의 대상이 되었지만 경전을 따르는 사람들을 개종시킬 필요가 없었다. 또한 기독교의 성지를 파괴하지 않았고 예루살렘을 찾는 그리스도교인들도 그대로 놔두었다.

651년 그리스도교 세계와 이슬람 세계 간의 평화조약이 성사된다. 641년에 이집트를 정복하고 남하하는 과정에서 마쿠리아와 동골라 전투를 치르게 된다. 그 과정에서 피해가 심해지자 이슬람군 사령관 압둘라 이븐 아비 사르와 마쿠리아의 칼리두라트 왕 사이에 평화적인 교섭이 시작되었다. 마침내 651년 바트 조약이 체결되었다. 두 세계가 서로 침략하지 않고 인적, 물적 자원의 자유로운 통행을 보장하고 이민은 금지한다는 동등한 조약이다. 상호 동맹은 맺지 않으나 마쿠리아는 이집트에 매년 일정 수의 노예를 보내야 했고, 노예를 보내는 대가로 곡물을 보내기로 하였다.[111] 우스만도 정복된 지역의 비무슬림들에게 관용을 베풀었으나, 관용에는 다음과 같은 장치가 마련되어 있었다.

"무슬림은 비무슬림을 지배하되 현지의 종교적, 정치적 자율성을 보장해줌으로써 그들을 보호한다. 비무슬림은 보호받는 소수의 지위를 가진다. 그들은 내적인 자율성을 향유하며, 피보호자들(딤미)의 육체와 생명과 재산은 보호받는다. 그러나 비무슬림은 2급 시민이다. 비무슬림이 주민의 다수를 차지하는 경우에는 고들은 고위 직책에 오를 수

111 함규진, 《조약의 세계사》, 32-35.

없다. 비무슬림은 농부나 장사꾼, 노동자가 되어 세금을 내야 하며, 무슬림은 그 세금을 나누어 갖는다."[112]

비무슬림들은 무슬림들의 보호를 받고 자율성을 보장받지만, 결국 비무슬림이 다수를 차지하는 경우에도 2급 시민으로 고위직책에 오르는 것이 제한되어, 결국 무슬림들이 지배하는 구조와 장치를 해둔 것이다.

정복지가 확대되면서 통치방식과 체계도 변화하였다. 시리아에서는 도시 내에 군사지역이 설치되었고, 이외의 지역에는 새로운 도시를 개척해야 했다. 이라크의 바스라와 쿠파, 이집트의 푸스타트 등의 새로운 도시가 생겨나고 있었다. 4대 칼리프인 알리 이븐 딸립은 무함마드의 사촌이자 무함마드의 딸 파티마의 남편이었다. 그러나 알리는 칼리파 선출과정에서 우스만 세력의 반대와 바스라 지역의 반대 세력에 직면하였다.

시리아 총독인 무아위야 이븐 아비 수프얀은 우스만 세력을 지지하면서 유프라테스 강 싯핀에서 알리 군대와 전투를 치렀다. 이후 알리는 세력을 확보하지 못하고 쿠파에서 암살당하였다. 그 후 알리를 도왔던 무아위야가 시리아에서 칼리파를 선언하면서 우마이야 왕조를 세우고, 권력은 우마이야 가문으로 넘어가게 된다.[113]

칼리프들은 무슬림과 비무슬림을 나누어 비무슬림을 보호하고 권리를 보장하는 관용을 베풀었다. 어느 정도 비무슬림에 대한 제한을 두기도 하였지만, 이슬람은 궁극적으로 평화를 중시하면서

112 한스 큉, 《(한스 큉의) 이슬람: 역사 · 현재 · 미래》, 338.
113 앨버트 후라니, 김정명 · 홍미정 역, 《아랍인의 역사》(서울: 심산, 2010), 61.

초기 영토를 확장하는 과정에서도 강제적으로 사람들을 개종시키 기보다 그들의 종교와 전통을 존중하며 평화롭게 함께 살려는 노력을 하였다.

우마이야 왕조(661년~750년)와 중세 이슬람 왕조

661년 무아위야는 시리아의 다마스커스에 새로운 왕조를 세웠다. 무아위야는 비잔틴의 조직적인 체계를 받아들이고 군사력을 활용해서 북아프리카의 튀니지, 동쪽으로는 옥서스강, 이란의 호라산까지 점령하였다. 무아위야는 불신자에 대한 지하드를 가장 강하게 실천에 옮긴 칼리파이다.

그가 생각하는 지하드는 도덕적 노력과 방어 전쟁의 개념보다는 신앙의 투쟁이었다.[114] 무아위야는 아랍 부족의 구조를 존중하면서도 이슬람 국가의 군사력과 행정력을 키워나갔고, 로마와 비잔틴 제국의 제도를 수용하여 왕조를 조직함으로써 아랍 부족 구조를 중앙집권화하였다. 이슬람 국가의 군사력과 행정력을 키워나감과 동시에 아랍 부족의 구조를 존중하면서도, 로마제국과 비잔틴 제국의 제도를 수용하여 왕조를 조직화하고 아랍 부족구조를 중앙집권화하였다. 그러나 이 시기에 관료주의의 요직에는 그리스도인들도 다수였다. 무아위야의 통치는 전체적으로 평화롭고 공정하였다고 평가된다. 하나의 예로, 그리스도인 중에서 네스토리우스파의 수도사인 페네크의 요한은 무아위야와 동시대를 산 인물인데 무아위야의 통치를 긍정적으로 바라보았다. "그의 시대에는 정의가 꽃을 피웠고, 그가 통치하는 곳에는 위대한 평화가 찾아왔고, 이 평

---

114 한스 큉, 《(한스 큉의) 이슬람: 역사 · 현재 · 미래》, 365.

화는 우리가 전혀 들어보지 못한 것이었으니, 그의 선조들은 이런 평화를 가져오지 못했던 것이다. 또한 이와 비슷한 평화를 한 번도 본 적이 없었다."[115]

그 후, 658년 압드 알 말리크가 새로운 통치자가 되었다. 알 말리크와 무아위야는 무력을 사용하여 왕조를 안정시켰고, 지하드 정신을 토대로 군사를 훈련하고 군사 체계를 발전시켜 전투를 치렀다. 그러나 무아위야는 적대 세력과의 대치 상황을 협상으로 이끌어내는 능력을 발휘하였다. 반면 압드 알 말리크는 협상보다는 독단적인 결정과 부족 체계를 인정하지 않는 자세를 취했다. 결국 우마이야 왕조는 권위주의적이고 관료주의적인 체계로 변화하였다.

그 후에도 초기 부족 체계를 넘어선 군사, 행정 체계를 발전시킨 우마이야 왕조에서는 인위적 세력 집단이 생겨났고, 인종적, 종교적으로 다양한 사람들이 섞이고 세분화된 생산 계층이 존재하는 도시가 발전하였다. 정복지역이 확대될수록 많은 인종(아랍인, 인도인, 유대인, 이란인 등)이 우마이야 왕조로 편입되었다. 따라서 이전에 4대 칼리프시대까지 존재하던 정복자와 피정복자의 구분과 무슬림과 비무슬림의 구분이 점차 흐려지고 있었다.[116] 750년 쿠파에 새로운 압바스 왕조(750년~1258년)가 세워졌다. 압바스 왕조는 아랍의 토대에서 벗어나 이라크 바그다드에 이슬람을 토대로 새로운 수도를 건설하였다. 점점 더 많은 비아랍인들이 무슬림으로 개종하면서 모든 무슬림들은 평등하다는 평등사상을 다시 주장하였다. 이슬람은 아랍 지역을 벗어나 보편적이고 세계적인 종교로 나아가고

---

115 한스 큉,《(한스 큉의) 이슬람: 역사 · 현재 · 미래》, 405.
116 한스 큉,《(한스 큉의) 이슬람: 역사 · 현재 · 미래》, 405.

자 하였다.[117]

13세기 압바스 왕조의 몰락 이후, 이슬람 영역은 외부의 세력에 놓이는 지역도 있었고 새로운 왕조가 등장하였다. 16세기 초에는 오늘날 터키 지역에 수니파 오스만 왕조, 이란 지역에 시아파 사파비 왕조가 세워졌다. 또한 인도 지역에는 무굴왕조가 등장하였다. 세 왕조 모두 이슬람을 따르고 있었지만, 각 왕조의 통치자들은 보편적이고 단일화된 이슬람 세계를 추구하기 보다는 지역 왕조를 지키고 확장하기 위한 길을 추구하였다. 따라서 무슬림 통치자들

무아위야는 무력을 사용하여 왕조를 안정시켰고, 지하드 정신으로 군사를 훈련시켰지만 대체로 관용과 뛰어난 협상 능력을 발휘한 평화롭고 공정한 통치자로 평가된다.

117 한스 퀑, 《(한스 퀑의) 이슬람: 역사 · 현재 · 미래》, 457.

은 다른 무슬림 통치자와의 관계, 비무슬림 통치자와의 관계를 맺어 나가는 새로운 질서가 형성되었다. 즉 다르 알 하릅의 영역을 이슬람 세계로 만들어야 하는 이슬람 세계관을 대체하여 다른 민족, 국가와의 평화적 관계를 수립해야 하는 상황을 맞이하게 된 것이다. 그 예로, 오스만 왕조의 술탄 술레이만은 프랑스 왕 프랑수아 1세와 1953년에 무슬림 왕조와 비무슬림 왕조의 첫 평화조약을 맺었다. 이 조약에서는 처음으로 무슬림국가와 비무슬림 국가를 동등하고 정상적인 관계로 인정하였고, 프랑스 왕이 오스만 술탄과 대등한 위치에 있다고 제시되어 있다. 제1조에서는 술탄과 왕이 생존해 있는 동안 평화를 유지할 것을 밝히고 있다.[118]

따라서 초기 이슬람 시대의 평화사상은 기본적으로 무슬림과 비무슬림이 공존하는 평화를 추구하였지만, 무슬림 공동체의 위협을 느낄 때에는 무력이 동반된 방어와 공격, 전쟁이 일부 허용되었다. 그리고 우마이야 왕조 이후, 이슬람이 지배하는 지역이 넓어지면서 왕조의 군사 및 행정조직이 체계화되고 권력구조도 바뀌었으며 그에 따라 이전의 정복자/피정복자, 무슬림/비무슬림의 구분이 점차적으로 흐려졌다. 또한 12세기 이후, 이슬람의 세력이 쇠퇴하면서 이슬람 세계는 내부분열과 외부적 혼란을 겪었고, 외부의 침략에 따라 왕조 존재 자체가 위협을 받으면서 방어와 공격 전쟁에 대한 개념이 모호해지기 시작하였다. 압바스 왕조가 몰락한 이후, 이슬람 제국의 지역화가 시작되었고, 거대한 하나의 이슬람 세계가 여러 개의 왕조로 분리되면서 더 이상 기존의 질서로 해석하는 데 한계가 따랐다.

---

118 김정위, 〈이슬람의 평화사상〉, 222-224.

현대 이슬람의 평화와 폭력성 문제

이슬람 부흥운동(18세기~20세기)

이슬람 세계는 15C~18C까지 이란의 사파비 왕조, 터키의 오스만 왕조, 인도의 무굴왕조, 제3 제국 시기의 전성기를 누렸다. 하지만 서방 세계의 부흥으로 중동지역의 판도가 바뀌었다. 서구의 제국지배가 시작되면서 이슬람 세계는 정치 · 경제 · 종교 · 문화적인 위기를 맞이하였다.

그러자 이러한 무슬림 공동체와 이슬람의 쇠퇴 원인은 진정한 이슬람에서 벗어났기 때문이고, 순수하고 진정한 이슬람으로 돌아가야 무슬림의 부흥이 가능할 것이라는 주장이 제기되었다. 따라서 "꾸란과 순나를 그대로 이해하고 결코 은유적인 해석을 하지 않으며 또 이슬람 초기 시대의 살라프salaf(선조, 조상)들이 후대에 어떤 뛰어난 법학파, 신학자보다 꾸란과 순나에 정통하였으므로 그들이 남긴 관행들은 이슬람 원리에 가장 맞는 것으로써 꼭 존경받고 쫓아야 할 것"이라고 주장한 살라피야al-Salafiyyah 운동이 이슬람의 쇠퇴를 해결하기 위한 방안으로 체계화되었다.[119]

이슬람 부흥운동은 살라피야 사상을 근간으로 시대적 상황에 맞추어 전개되었다. 18세기에는 내부의 비 이슬람적인 관행에 반대하여 이슬람 부활운동(와하비야 운동)이 시작되었다. 19세기에는 서구의 침략과 식민 제국주의인 외부의 위협에 대처하기 위한 운동(자말 알 딘 아프가니의 범이슬람주의/ 무함마드 압두/ 라쉬드 리다)이 있었고, 20세기에는 무슬림 형제단과 같은 종교와 정치가 결합된 형태의

---

119 이원삼《이슬람세계 석유와 좌절뿐인가 II》, 112.

원리주의 성향의 운동이 전개되었다.

18세기에 일어난 와하비야 운동은 이슬람 부흥운동 중에서도 가장 중요시된다. 현대 사우디아라비아 국가 건국이념의 기초가 되었고, 근대 이슬람 부흥운동의 효시이기 때문이다. 이 운동은 이슬람 성인들의 무덤 참배를 다신교의 이단적 행위로 여겼으며, 신의 유일성인 타우히드Tawhid를 핵심 이념으로 삼아 정화된 무슬림 공동체 건설을 목표를 하였다. 이븐 압둘 와합은 무슬림 공동체가 쇠퇴한 이유가 무슬림들이 올바른 이슬람을 따르지 않았기 때문이고, 이를 바로 잡기 위해서는 진정한 이슬람으로 돌아가는 것, 즉 살라피야 시대인 무함마드 시대와 초기 이슬람으로 돌아가는 것이 필요하다고 주장하였다. 압둘 와합은 군사적 힘을 가진 이븐 사우드와 결합하여 살라피야 사상을 실천에 옮길 수 있었다.[120]

19세기의 중요한 활동가, 자말알딘 아프가니는 제국주의에 대항하기 위해서 범이슬람주의를 주장하였다. 과거의 진정한 이슬람으로 돌아가자는 18세기 살라피야 운동과 원리는 같으나, 재해석을 강조하여 이슬람의 우수성을 강조함과 동시에 문제점을 지적하고 필요하다면 서구의 앞선 부분은 받아들여야 한다고 주장하였다. 또한 서구 제국주의에 대응하기 위해서 범이슬람주의를 주장하였다. 이슬람 세계에서는 인종을 초월하여 이슬람 깃발 아래 모여 이슬람을 수호하자는 것이다.

아프가니도 순수 이슬람으로의 회귀를 주창하고 있지만, 단순히 과거로 돌아가는 것이 아니라, 이슬람의 원리에 맞게 무슬림 사회의 변화하고 있는 환경에 맞는 이슬람적 대응책을 만들자는 것이

---

120 이원삼,《이슬람세계 석유와 좌절뿐인가 II》, 112.

었다.[121] 아프가니의 후계자 무함마드 압두와 라쉬드 리다는 살라피야 운동을 좀 더 체계적으로 전개하였다. 그는 이슬람이 이성적인 종교임을 강조하고, 과거의 이슬람이 과학적이고 진보적인 세계였음을 강조하였다. 압두의 사상은 종교와 이성은 상호보완적이고, 종교와 과학은 모순이 없다고 주장하였다.

20세기의 이슬람 부흥운동은 새롭게 형성된 종교조직이나 단체를 중심으로 전개되었다. 대표적으로 이집트의 하산 알 반나는 무슬림 형제단을 창설하였다. 그들은 와하비야 운동과 같이 순수 이슬람으로의 회귀만이 이집트 사회를 정화하고 발전시킬 수 있는 길이라고 믿었다. 무슬림 형제단은 오늘날까지 원리주의의 모체가 된다. 무함마드가 움마를 만들어 냈듯이 하산 알 반나는 기존 사회와 구별되는 진정한 신앙인의 공동체를 만들고자 하였다.

무슬림 형제단의 목적은 꾸란과 하디스를 토대로 이슬람 질서를 수립하는 것이다. 따라서 그들의 학교, 공장, 언론 등의 기관이 있는 사회적 이슬람주의를 실현하고자 했다. 이집트 출신 사이드 꾸틉은 이슬람 원리주의 이론을 처음 도입하였고, 이러한 흐름 속에서 무슬림 형제단 내부에 급진적인 정치적 이슬람을 형성하였다.[122] 무슬림 형제단은 대중운동조직으로 성장하였고, 모든 계층을 포함한 광범위한 지지계층을 얻었다. 사이드 쿠틉은 행동을 강조하였고 이슬람 국가를 건설하는데 반대요소가 있다면 무력을 통해 저지하려고 하였다.

1970년대 이후에 무슬림형제단과 같은 원리주의 조직에서 파

---

121 이원삼, 《이슬람세계 석유와 좌절뿐인가 II》, 137.
122 앨버트 후라니, 김정명 • 홍미정 역, 《아랍인의 역사》 (서울 : 심산, 2010), 199.

생된 극단적 원리주의가 등장하였다. 그러한 성향의 무장조직들은 타락한 세속정부를 타도하기 위해서 폭력을 허용하고 또 필요하다고 믿는다. 이러한 급진세력은 탈 식민지시대 이후의 무슬림사회의 서구화와 근대화 움직임에 대한 반동으로 일어났다.

그 후로 소수의 극단주의 집단이 지하드 이념을 더욱 과격하게 해석하였다. 그들은 이집트의 우마르 압드 알 라흐만과 팔레스타인의 하마스 운동의 이론가 압달라 아잔의 영향으로 팔레스타인 점령에 항쟁하기 시작하였다. 1981년 '지하드'라는 테러 집단이 이집트의 사다트 대통령을 암살하였고, 다른 테러 집단이 하마스와 공모하여 이스라엘에서 자살테러를 감행하였다. 즉, 20세기 이후에 지하드는 정치적 도구로 사용되기 시작하면서 정치적으로 해석되었다.

근대 근본주의자들은 자신의 정치권력에 대한 근거를 위해서 법률서적과 과거 보수적인 신학자들의 견해를 이용하였다. 그리고 급진적인 이슬람주의자들은 지하드를 국외뿐만 아니라 국내 정치

IS는 2011년 미군 철수 이후 이라크 시아파 정권에 불만을 가진 수니파 중심으로 결성되었지만 그들의 만행은 이슬람의 가르침과 평화사상에 위배된다. 사진은 IS가 이집트 콥트교 신자 21명을 참수하는 장면.

적으로도 이슬람을 제대로 실천하지 않고 서구화된 내부의 독재 지도자들과 싸우기 위한 도구로 활용하였다.[123]

최근 가장 논란이 되고 있는 이슬람 국가IS Islamic State의 모체는 2002년 조직된 '유일신과 성전Al Tawhid al-Jihad'이다. 이후에 '이라크 알-카에다Al-Qaeda Iraq'로 조직의 이름을 바꾸고 과거 이라크 내의 사담 후세인에 불만을 품고 있는 세력을 규합하여 이라크의 최대 반정부조직으로 성장하였다. 2011년 미군이 철수한 이후 이라크의 시아파 정권에 대한 수니파의 불만이 커지면서 이름을 '이라크 이슬람 국가Islam State Iraq로 바꾸었다. 시리아 내전 이후 이슬람 국가Islam State of Iraq and al-Sham으로 재편하였으나 ISIS는 다시 현재의 명칭인 IS로 바꾸었다. 스스로 국가라고 칭하고 있지만 국제사회에서는 국가로 인정하지 않는 테러집단이다.

IS의 이념은 이슬람 법학파 중에서도 가장 보수적인 한발리파보다 더욱더 극보수적인 형태를 띠고 있으며 종교적으로 보수적이라는 차원을 뛰어넘고 일반적인 이슬람의 교리를 넘어서는 행위를 저지르고 있기 때문이다. 예를 들어 비무슬림 뿐만 아니라 무슬림을 참수하고, 공개된 장소에서 십자가 사형도 시행하며 잔인한 행동을 일삼는다. 이슬람의 와하비즘을 따르는 사우디아라비아의 그랜드 무프티조차도 IS의 행동이 비이슬람적이라고 규정하였다. 이슬람의 평화사상은 무슬림뿐만 아니라 비무슬림들에게도 살인과 폭력을 금지하고 화합하는 것을 가르치고 있지만, IS의 만행은 그러한 이슬람의 가르침과 평화사상에 위배된다.

---

123 김정위, 〈이슬람의 평화사상〉, 221.

지하드와 폭력성

이슬람이 폭력적이라고 인식되는 가장 큰 오해는 지하드 개념에서 비롯된다고 볼 수 있다. 지하드가 테러와 전쟁의 명분으로 사용되면서 이슬람의 평화와 폭력성에 대한 잘못된 개념이 널리 퍼지게 되었다. 따라서 지하드가 출현하게 된 이슬람의 세계관과 지하드의 개념, 유형에 대해서 살펴볼 필요가 있다.

이슬람의 세계관은 전통적으로 '다르 알 이슬람Dar Al-Islam'과 '다르 알 하릅Dar Al-Harb'으로 구분된다. '다르 알 이슬람'은 이슬람의 영역, 즉 알라가 지배하는 영역이다. 한 명의 무슬림 통치자가 신앙 규범과 법 규범을 보증하며, 이슬람식 정의가 구현된 곳이다. '다르 알 이슬람' 영역에는 이슬람 공동체인 움마와 딤미(보호받는 백성)가 포함되어 있다. '다르 알 하릅'은 전쟁의 영역으로서, 이슬람과 다른 질서 체계가 있는 지역(비이슬람 지역)이라 언젠가는 이슬람 영역으로 병합해야 되는 대상이다. 전쟁영역(다르 알 하릅)에 있는 공동체들은 자연 발생적 상태에 있다고 보았고 이슬람 질서 체계 아래에 있는 정의의 표준/질서가 전쟁영역에는 결여되어 있다고 여겼다. 전쟁영역에서 이슬람으로 개종하는 자는 상황에 따라 이슬람 영역으로 이주해야 할 도덕적 의무를 지니게 된다.[124] 이론적으로 다르 알 이슬람과 다르 알 하릅은 평화적이지도 적대적이지도 않다.

이 불안정한 상태는 교섭이나 조약을 맺을 수 있는 관계이다. 또한 무슬림들은 다르 알 하릅을 평화의 다르 알 이슬람으로 바꿀 의무가 있다. 다르 알 하릅을 다르 알 이슬람으로 바꾸는 방법론이

---

124 김정위, 〈이슬람의 평화사상〉, 211.

지하드이다. 아부 하니파에서는 다르 알 이슬람을 이루기 위해서 자기 지역 내부에서 평화와 안전을 이루고 공동의 선을 가지고 있어야 하는데, 평화와 안정이 깨지면 지하드가 출현한다고 본다.

지하드론의 출현과 의미를 자세히 살펴보면, 지하드 용어의 본의미는 성전(거룩한 전쟁)만을 강조하는 것이 아니다. 성전聖戰은 어떤 신성의 명령을 받아 선교적인 명분을 내세워서 다른 민족을 공격하는 전쟁이다. 그러나 앞에서 언급했듯이 지하드의 근본 의미는 종교적 노력, 시도, 애씀 등이다. 꾸란에 의하면 지하드는 알라의 길을 가는 동안 필요한 도덕적인 '수고(애씀)'을 뜻한다. 무슬림 개개인이 알라의 말씀을 따르기 위해 노력을 기울인다는 의미이다. 또한 전쟁에 참가하여 몸을 바치고 또 무력을 사용하는 종교적 법적 의무, 공동의 의무를 의미하기도 한다.

지하드는 처음에 비무슬림을 위협하는 포교의 간접적인 수단이 되었지만 이슬람으로 개종한 무슬림들을 보호하고 결집하는 직접적인 수단으로도 활용되었다. 이러한 과정을 통해서 지하드의 의미가 점차 무력을 사용한 성전으로 좁아지게 된 것이다.

무함마드 사후, 지하드의 폭력성은 이슬람을 확장하는 데 큰 역할을 하였고, 비무슬림들은 무력충돌을 피하고 자발적으로 이슬람을 수용하였다. 개종을 강요하지는 않았지만 세금과 전쟁을 피해서 이집트, 시리아의 많은 그리스도교인들이 이슬람으로 개종하였다. 칼리프 시대, 우마이야 왕조, 압바스 왕조를 거쳐 이슬람은 서유럽에서 인도까지 광활한 지역으로 확장되었고, 안달루시아(스페인)에서는 비무슬림에 대한 지배 원칙과 박해보다는 관용을 기초로

이슬람이 확산되었다.[125]

　이슬람의 관점에서 전쟁은 결코 '거룩한' 것이 될 수 없으나, 다른 꾸란 구절에 의하면 '지하드'라는 말이 폭력적 '전투'의 뜻으로 해석될 여지가 있다. 자신의 재산과 인격을 '총동원한다'는 단어인 '자하다Jahada'는 투쟁하다, 혹은 '전쟁을 치르다'는 뜻으로 그렇게 하는 사람은 낙원으로 직행할 것을 약속받는다. 역사적으로 무슬림은 전쟁을 정치의 수단으로 긍정하여 전쟁을 감행하는 경우도 존재하였다. 즉 메디나에서 새롭게 형성된 무슬림 공동체를 위협하고 있는 특정한 역사적 상황에 대한 전투를 의미한다. 정치적, 군사적 중요성을 지니는 '지하드'는 알라를 위한 불신자에 대한 전투로 전쟁의 효과적인 동기 및 구실이 되었던 것이다.

　일반적으로 무슬림 법학자들은 지하드를 네 가지 유형으로 설명한다.

　첫째, 마음의 지하드는 악에 대한 유혹을 이겨내는 내면적인 노력이다.

　둘째, 혀의 지하드는 진실을 발언하고 이슬람의 진리를 말로 포교 하고 가르치는 지하드이다.

　셋째, 손의 지하드는 선행과 구제를 하고, 불의에 대처하는 행위의 지하드이다.

　넷째, 칼의 지하드는 무력을 동원하는 성스러운 전쟁으로 불신자와 이슬람을 박해하는 자에게 폭력으로 대항하는 지하드이다.

---

125 안신, 〈예언자 무함마드의 평화사상에 대한 연구: 소통과 공존의 지하드론을 중심으로〉, 《한국이슬람학회논총》 18(2)(2008), 32.

네 가지 유형 중에서 마음의 지하드가 더 위대한 지하드로 간주된다. 폭력을 동반한 지하드는 다시 네 가지로 분류된다. 불신자(다신론자)를 대상으로 한 지하드/ 신자(배교자, 범죄자)를 향한 지하드/ 성스러운 경전의 백성(유대인, 그리스도교인, 조로아스터교인)과의 지하드/ 예방적이고 방어적인 지하드이다.

한스 큉Hans Küng에 따르면, 그리스도교와 달리 이슬람에서는 신앙을 위하여 수동적으로 참아내는 사람만이 아니라 적극적으로 싸우는 사람도 '증인' 곧 순교자가 될 수 있다. 이러한 헌신으로 자신의 생명을 희생하는 사람은 즉시 낙원에 들어가게 된다. 무슬림들은 지하드에 참여하면 알라께서 그 보상을 약속한다고 믿는다. 전쟁터에 직접 나가 승리할 경우 전리품의 할당 등 물질적 보상뿐만 아니라 죽은 후에는 저승에서 영원한 구원과 천국을 약속받게 된다.[126] 따라서 무슬림들이 지하드를 실행하는 근거는 구원과 보상에 대한 알라의 약속을 믿기 때문이다.

지하드를 논하는데 가장 중요한 부분은 공격적 성격과 방어적 성격에 대한 논의이다. 이슬람에서 전쟁을 허용하는 경우는 지하드뿐이다. 외부에 공격이 있을 경우에 무력을 동반한 지하드를 통해서 이슬람 영역으로 편입시키는 것은 정당하지만, 외부의 공격이 있기 전에 무력을 행사하는 것은 이슬람에 맞지 않다. 그러나 초기 이슬람학자 샤피는 무슬림과 비무슬림 사이에 분쟁이 발생할 경우나, 비무슬림의 신앙을 문제 삼아 전쟁하는 경우도 지하드로 선포할 수 있다고 해석하고 주장하였다. 그는 꾸란 9장 5절 "너희들이 그들(우상숭배자)을 보면 어디서나 살해하라"에서 우상숭배

---

126 김정위, 〈이슬람의 평화사상〉, 216.

자를 비무슬림으로 확대 해석하여 무슬림들은 그들과 싸워야 하는 임무를 가졌다고 확대 해석한 것이다. 그 결과 전쟁의 방어적 성격과 공격적 성격의 구분이 퇴색되고 정의를 실현하기 위한 지하드로 재정립하였다. 그 후 압바스 왕조 시대의 대부분 학자들은 지하드의 방어적, 공격적 성격과 상관없이 정의를 위한 전쟁이면 상관없다는 견해를 받아들였다. 예를 들어 이븐 칼둔은 이슬람 역사에서의 전쟁을 네 가지로 구분하였다.

첫째, 아라비아 반도의 부족전쟁.
둘째, 원시적 집단의 약탈전쟁.
셋째, 이슬람에서 허용된 전쟁.
넷째, 이단 집단에 대한 전쟁.

부족전쟁과 약탈전쟁은 물질적인 문제에서 기인된 전쟁이라고 비난했지만, 이슬람에서 허용된 전쟁이나 이단 집단에 대한 전쟁은 이슬람을 유지하기 위해 불가피하게 실행해야 하는 정의의 전쟁이라고 하였다.[127]

다시 말해, 초기에는 지하드를 방어적 개념으로 해석하였으나, 현대에는 지하드에 공격적 방법적 개념이 적용될 수 없다고 보고, 총체적으로 해석해야 한다고 주장한다. 20세기 지하드의 특성은 현대문명과의 절충이 필요하고, 과거와 현대의 지속성과 일관성을 가져야 하며, 이슬람 논리의 우월성을 견지하면서 다양하게 변화하는 환경의 변화에 대해 취하는 방어적 공격적인 성격을 포함하

---

127 김정위, 〈이슬람의 평화사상〉, 218.

고 있다고 본다. 또한 지하드는 이슬람의 발전과 평화를 정착시키고, 서구 억압에 대한 해방을 가져올 필수적인 방법론으로 표현되었다. 그렇기 때문에 지금까지 원리주의자들이 폭력적으로 사용한 지하드는 서구에 대한 사회적, 기술적, 경제적인 열등감이 있는 무슬림들이 서구에 대한 반감을 표출한 수단이었다고 볼 수 있다. 그러나 진정한 이슬람은 평화적인 방법이나, 협상이 불가능한 경우에만 전쟁을 허용하고 있고, 전쟁의 목적은 이슬람으로 개종시키거나, 부를 획득하기 위한 것이 아니라, 인류를 지키기 위한 것이다.

이원삼은 이슬람의 신법 샤리아의 해석에 입각해 볼 때, 9·11테러는 여섯 가지 이유로 지하드로 간주할 수 없다고 말한다.

첫째, 지하드는 국가 이외에 개인이나 단체가 선포할 수 없다.
둘째, 지하드 과정에서 무고한 사람을 살해해서는 안 된다.
셋째, 무슬림을 살해해서도 안 된다.
넷째, 무슬림들이 자유롭게 종교 활동을 할 수 있는 나라에 지
　　　하드를 선포할 수 없다.
다섯, 전 세계 무슬림 학자들은 알카에다의 오사마 빈라덴의
　　　행동이 이슬람법에 부합하다고 보지 않는다.
여섯, 9·11테러 행위로 인해서 무슬림 공동체의 이익이 침
　　　해당하였다.[128]

그러나 현재 지하드를 전쟁과 폭력으로 지나치게 단순화시키는 것은 반대로 이슬람에 대한 오해를 낳고 있다. 지하드는 전쟁을 허

---

128 이원삼,《이슬람세계 석유와 좌절뿐인가 II》참조.

한스 큉은 무슬림들이 구원과 보상에 대한 알라의 약속을 믿고 지하드를 실행한다고 보았다.

용하고 폭력적인 범주도 포함하고 있지만, 그보다 중요한 것은 하나님을 향한 지속적이며 내면적인 노력이라는 점을 간과하는 것이다. 지하드의 이름으로 용인되는 폭력은 무슬림들에게 가해지는 박해와 공격에 대항하는 선택 중에 마지막 방편이다. 가장 중요한 지하드의 영역은 일상생활에서 하나님과의 내면적 관계를 지속적으로 유지하고 가르침을 실천하는 일이다.[129]

평화의 종교, 이슬람

이슬람은 여러 꾸란 구절을 통하여 이슬람은 평화적이고, 모든 사람들이 평화 공존하며 살아가기를 바란다고 밝히고 있다. 그렇기 때문에 이슬람은 가능한 한 평화적인 방법으로 문제를 해결하고 최후의 방법으로 무력과 전쟁을 허용한다.

---

129 안신, 〈예언자 무함마드의 평화사상에 대한 연구: 소통과 공존의 지하드론을 중심으로〉, 33.

인도의 파슈툰 부족 출신 바드샤 칸은 1930년대 영국 제국주의에 대항하고 독립하기 위해 비폭력적인 방법을 사용하였다. '하나님의 종들'이라는 단체를 설립하며 무력을 동반한 지하드 대신에 사회개혁과 교육활동을 주로 전개하였던 것이다.

10만 명의 회원이 있는 '하나님의 종들'이라는 단체는 "나는 결코 나의 민족 안에 분열, 질시, 질투에 참여하지 않을 것이며 압제자에 대항하여 압제 받고 있는 이들의 편에 설 것입니다. 나는 결코 어떤 다른 경쟁단체에도 군대에도 참여하지 않을 것이며 항상 나의 상관의 모든 정당한 명령에 복종할 것입니다. 나는 비폭력 원리에 맞추어 살 것이며, 모든 하나님의 창조물에 평등하게 봉사할 것입니다. 나의 땅과 나의 종교를 위하여 자유를 얻는 것이 나의 목표가 될 것입니다. 나는 항상 옳고 좋은 일을 행하는 데에 관심을 기울이고 결코 나의 봉사에 대한 대가를 바라지 않을 것입니다. 나의 모든 노력은 과시나 이익이 아닌 하나님을 기쁘게 하는 일이 될 것입니다."라고 맹세하였다.[130]

바드샤 칸은 이슬람의 평화사상과 비폭력을 실천할 수 있다고 믿었으나 파키스탄 정부는 인도정부와 협력했다는 이유로 칸이 사망할 때까지 감금하였다. 이런 탄압에도 불구하고 바드샤 칸의 비폭력저항운동은 계속되었다. 이론적으로 이슬람의 평화개념에도 적극적 평화와 소극적 평화가 있다. 적극적인 평화는 이슬람을 확대하여 이슬람 공동체가 형성되면 평화가 찾아온다는 것이고, 소극적인 평화는 전쟁의 위협과 공포로부터 사람을 자유롭게 하는

---

130 안신, 〈예언자 무함마드의 평화사상에 대한 연구: 소통과 공존의 지하드론을 중심으로〉, 35.

것이다.[131]

그러나 현재 이슬람은 가장 폭력적인 종교로 사람들의 인식 속에 깊이 각인되어 있다. 9·11테러 이후 이슬람의 폭력성이 일반화되었고, 서구 미디어의 편향된 보도가 이슬람을 폭력적인 종교로 재생산하는 역할을 하였다.

또한 지난 2015년 11월 13일 프랑스 파리에서 일반 시민을 대상으로 무차별 테러가 발생하여 큰 충격을 주었으며, 이어서 유럽 각지에서 이러한 테러가 끊임없이 되풀이되고 있다. 이러한 IS와 무장테러 단체들의 만행으로 다시 한 번 전 세계적으로 이슬람에 대한 혐오증이 확산되었다. 사우디아라비아의 아델 알 주바이르 외무장관은 "테러 희생자들을 진심으로 위로한다"면서 "파리 테러는 모든 도덕과 종교에 반하는 범죄"라고 비난했다. 인도네시아에 조코 위도 대통령도 강력하게 테러행위에 대해 비판하였다.[132]

앞서 언급한 바와 같이 이슬람은 교리적으로 평화를 추구하고 있다. 그러나 현실 세계에서 이슬람 왕조가 출현하고 정치적으로 확장해 나가는 과정에서 무력을 동반한 전쟁을 불가피하게 행하였고, 왕조가 지역화되면서 이를 '다르 알 이슬람'을 위한 전쟁으로 해석할 수 없는 상황이 전개된 것이다. 특히 근대에 이슬람 세계가 서구의 지배하에 놓이면서 무슬림들은 이전의 이슬람으로 돌아가기 위한 이슬람 부흥운동을 시작하였다. 이 이슬람 부흥운동은 현대 폭력적인 원리주의 사상의 토대를 마련하였고 지하드를 정치적 도구로 사용한 것도 사실이다. 따라서 이슬람의 폭력적인 이미지

---

131 이원삼, 《이슬람세계 석유와 좌절뿐인가 II》, 193.
132 http://news.chosun.com/site/data/html_dir/2015/11/16/2015111600340.
html(접속일: 2015년 11월 17일)

는 일부 과격단체의 테러, 서구 미디어의 왜곡된 보도 때문만은 아니다. 역사 전개 과정에서 이슬람을 명분으로 삼고 정치적 목적으로 허용되었던 폭력성이 미친 영향도 간과할 수 없는 것이다.

현재 이슬람이 폭력적으로 비추어지는 가장 큰 이유 중의 하나는, 일부 테러집단이나 IS가 주로 메디나 시대에 내려진 꾸란 계시 중 공격적 성격의 구절이나 하디스에서 특정 구문만 선택하여 테러나 폭력적인 행위를 정당화하고 역사적 특정 상황과 관련된 부분만 자의적으로 해석하기 때문이다.

일부 꾸란 구절을 활용하여 정당화하고 있기 때문에 외부 비무슬림들이 보기엔 이슬람의 폭력성을 용인할 수밖에 없는 근거가 된다. 그러나 경전에 나타난 폭력과 공격성이 담긴 구절은 그 당시의 상황에 근거해서 해석해야 한다. 무함마드시기에, 예언자와 무슬림들이 처한 상황이 꾸란에 반영되어 있기 때문에 오늘날 폭력을 정당화하는 논리로만 문자적 해석을 하거나 오해해서는 안 된다.[133]

IS가 사람들을 살해할 때 인용하는 꾸란 구절은 9장 5절 "다신교도를 발견하는 즉시 죽여라. 잡아라. 억류하라. 모든 길에 복병을 두고 기다려라. 그러나 만일 그들이 회개하여 예배를 지키고 희사를 한다면 방면해 주라. 알라께서는 관용하시고 자비로우신 분이시다."이다. 그러나 이 구절로 살해를 정당화시키는 것은 표면적인 문자적인 해석이다. 꾸란은 다신교도를 포함해서 비무슬림을 공격해서는 안 된다고 가르치기 때문에 꾸란과 이슬람의 가르침에 어긋난다.

IS는 자의적으로 꾸란 구절을 선택하여 문자적으로 해석하고 이

---

133 한스 큉, 《(한스 큉의) 이슬람: 역사 · 현재 · 미래》, 1059.

슬람이라는 이름하에 잔인한 행위를 저지른다. 또한 꾸란의 문자적 해석과 더불어 공격적인 지하드를 확대 해석하여 살인과 폭력을 저지른다.[134] 한 국내 이슬람학자는 "문자적으로만 경서를 해석하는 종교인들의 무지함 때문에 '종교평화'가 위협을 받고 있다"고 지적한다.[135]

또한 일부 테러리스트나 무슬림은 지하드론을 자의적으로 해석하면서 이슬람 이름으로 테러나 폭력적인 행동을 정당화하고 있다. 지하드 영역에는 폭력적인 범주도 포함되어 있지만, 알라를 향한 내면적인 노력이 최우선이다. 본질을 무시하고 지하드를 전쟁과 폭력으로 지나치게 단순화시켜 이슬람이 폭력적인 종교라는 오해를 낳고 있는 것이다. 이슬람에서는 교리적으로 종교적인 갈등이 있더라도 다른 종교를 가진 사람들과 평화롭게 지내고 분열된 사회의 화합을 지향하고, 대다수의 많은 무슬림들이 평화를 추구하며 살아가고 있다. 그러나 일부 무슬림들이 이슬람을 명분으로 내세워서 폭력적인 행위를 정당화하기 때문에 대다수의 평화를 지향하며 살아가고 있는 무슬림들까지도 폭력행위를 종교적으로 용인하는 이들로 일반화되고 있다.

이러한 피해를 막기 위해 이슬람 내부에서도 목소리를 내기 시작하였다. 2014년 9월 전 세계 무슬림 학자와 지도자 126명은 IS의 행동이 왜 비이슬람적인지를 지적한 공개서한을 IS의 지도자 알 바그다디에게 보냈다. 공개서한의 내용에서는 "이슬람은 법학 공부

---

134 박현도, 〈IS의 비무슬림 살해:꾸란의 비무슬림 살해연구〉,《인문과학연구논총》 36(2)(2015), 153-154.
135 http://www.newscj.com/news/articleView.html?idxno=291526(접속일: 2015년 10월 25일)

를 하지 않고 파트와fatwā(이슬람법 해석문)를 발행하는 것을 금지한다. 파트와는 전통적인 법률서에서 명시한 대로 이슬람 법리론을 준수해야 한다. 현실을 무시한 법적 판단을 내려서는 안 된다. 이슬람은 무고한 사람을 살해하는 것을 금하며 특사, 대사, 외교관, 언론인, 구호단체 요원을 죽여서는 안 된다. 이슬람에서 지하드jihād는 방어적 전쟁으로 바른 동기, 목적, 행동 원칙 없이 허락되지 않는다. 이슬람은 스스로 불신자라고 선언하기 전까지는 무슬림이 아니라

2015년 11월 파리테러 이후 이슬람에 대한 폭력적 오해는 더욱 깊어지고 있다. 사진은 파리테러로 희생된 시민들을 추모하며 이탈리아 국민들이 프랑스대사관 앞에 둔 꽃다발.

고 공포하는 것을 금한다. 이슬람은 그리스도인이나 '경전의 백성'을 어떤 식으로든 해하거나 학대하는 것을 금한다. 노예제는 모두의 동의하에 폐지된 것으로 재도입을 금지한다. 이슬람은 강제 개

종을 금하며, 여성과 아이들의 권리를 부정하는 것을 금한다. 이슬람은 고문과 사체 훼손을 금하며, 사악한 행동을 하나님께 돌리는 것을 금한다."[136]등의 내용이 포함되어 있다.

압바스 왕조 이후에 이슬람 세계는 크고 작은 왕조가 등장했고, 근대에 현대국가가 출현하면서 새로운 질서체계가 형성되었다. 시대의 변화에 따라, 이슬람의 평화와 지하드도 시대적 상황의 변천에 적응해 왔다. 동시에 무슬림들도 과거 전성기를 누린 역사, 제국주의의 역사에서 벗어나서 현대에 맞는 개혁과 의식의 전환을 해야 한다.

2차 세계 대전 이후, 1983년 평화적 목적을 추구하기 위해서 민간차원의 국제기구인 세계무슬림의회World Muslim Congress가 창설되었다. '세계무슬림의회'는 이슬람의 교육과 윤리의 목적은 전쟁을 하는 것이 아니라 평화에 헌신하는 것이라고 본다. 이슬람은 꾸란 2장 208절 "오 믿는 자들아 항상 평화의 속으로 걸어가라", 꾸란 10장 25절 "유일신은 너희들을 평화에 정주하도록 부르신다."을 통해서 평화적 요소를 강조하고 있다. 세계무슬림의회는 평화증진에 대한 입장을 다음과 같이 발표하였다.[137]

"전 인류가 갈구하는 세계평화의 실천을 도모하기 위한 노력으로써 교육의 역할이 중요하다. 장기적인 평화체제의 전제조건은 무엇보다도 모든 인종과 민족이 서로 깊이 이해하고 관용하는 능력을 배양하며 서로의 존재를 존중하고 인정하는 데 있는 것이다. 교육은 국제적 차원에서 새로운 현대적 윤리의 복음이므로 이를 통하여 인간은 자유롭

---

136 http://news.kbs.co.kr/news/view.do?ref=A&ncd=2985149(접속일: 2015년 10월 25일)
137 김정위, 〈이슬람의 평화사상〉, 229-230.

고 책임감 있고 또 품위 있게 되는 것이다. 그 결과 인간은 서로 동등한 동료로서 이해하고 인류의 미래를 공동 협력하여 조성하는 각 민족의 구성원으로 서로 대하게 될 것이다."[138]

이처럼 이슬람은 근본적으로 인류의 평화를 추구한다. 그러나 무슬림 내부에서 세계무슬림의회와 같이 평화를 위한 움직임도 볼 수 있지만, 이슬람 국가의 테러집단에 대한 재정적 지원, 수니와 시아파 간의 대립, 부족문제 등 평화를 위협하는 사건들이 많이 발생하고 있는 것도 사실이다. 더 이상 이슬람의 폭력적인 이미지를 외부의 왜곡된 시각의 재생산, 서구 언론의 편향된 보도, 일부 무슬림들의 과격한 행동, 비무슬림들의 이슬람에 대한 무지로 인한 해석으로만 치부할 수는 없다.

무슬림들은 정치적으로 폭력성과 전투적인 성격을 띠기도 하였지만, 초기 이슬람 시기부터 수많은 사상, 종교, 문화의 사람들과 접촉하는 과정에서 관용과 포용력을 보여주었다. 현재 중동지역과 이슬람 세계에서 많은 문제가 대두되고 있는 상황이기에 더욱 더 무슬림 사회 내부에서 관용과 포용력을 보여주었던 이슬람의 역사적 경험을 토대로 한 유연한 대응과 자성의 자세가 필요한 것이다.

미국의 외교 · 안보 전문매체 〈포린 폴리시Foreign policy〉는 이슬람 극단주의 단체가 증가한 원인을 사회 경제적인 외부원인과 이슬람에 내재된 폭력성이라는 내부 원인으로 나누어 각각 소개하였다. 미국평화연구소USIP의 마날 오마르 중동 아프리카센터 부부소장에 따르면, 이슬람은 평화적 종교이나, 폭력적으로 비추어지는

---

138 김정위, 〈이슬람의 평화사상〉, 230.

이슬람지도자들도 이슬람의 부정적 이미지를 바로잡고 무슬림들의 희생을 해결해야 한다는 논의를 하고 있다. 사진은 2015년 테헤란에서 열린 제29회 이슬람통합회의 장면.

원인은 종교 자체가 아니라 외부의 사회. 정치. 경제적인 환경으로 이슬람으로 폭력을 정당화하는 측면이 있다고 주장하였다. 무슬림 중 일부가 폭력과 테러를 저지른다고 해서 이슬람을 폭력적으로 볼 수는 없다.

　예를 들어 시리아, 이라크, 파키스탄에서 나타나는 극단주의적인 폭력은 정치적, 사회적 환경의 산물이다. 식민주의의 유산과 유럽의 정치학, 인위적 국경선, 소수에게 특권을 주는 사회구조, 정치제도가 복잡하게 얽혀있기 때문에 원인을 포괄적으로 분석해야 한다. 국내적으로는 정부가 기본적인 의식주를 제공하지 못하고 정치통합에 실패하고, 표현의 자유와 인권이 보장되지 않아 청년층의 급진화와 폭력을 야기했기 때문에, 그러한 불합리함을 표출하는 수단으로 종교를 이용하는 면이 있는 것이다. 이슬람 자체가 원래 폭력적인 종교라고 단정 짓는다면 전 세계에서 평화롭게 살고 있는 15억 명 이상의 무슬림들을 오해하는 것이다.

반면, 하버드 케네디스쿨 특별연구원 아아얀 히르시는 이슬람과 무슬림을 구별하고, 무슬림 내부의 시기별 지역별 차이도 구분해야 한다고 주장한다. 메카 시대의 이슬람은 평화의 종교라고 주장할 수 있지만, 메디나 시대에는 이 세상을 이슬람 세계로 바꾸어야 한다는 이중성이 있다는 것이다. 또한 그는 무력을 동반한 지하드 운동이 중동, 북아프리카, 동남아시아, 유럽에 존재하고 있는 것이 사실이고, 메디나 시대의 언행록이 폭력적 극단주의의 근거가 되고 있다고 주장한다.

따라서, 이슬람 내부에서도 폭력성의 원인을 분석하는 목소리가 나오고 있다.[139] 이란 대통령 하산 로하니는 12월 27일 테헤란에서 열린 제29회 이슬람통합회의에서 "세계 여론에 비친 이슬람의 부정적 이미지를 바로잡는 것이 오늘날 우리의 가장 막중한 의무이고, (세계에서 벌어지는)테러와 폭력 가운데 84%가 이슬람 세계와 중동 · 아프리카에서 발생하고 있음을 지적하면서 무슬림들이 흘린 피는 무슬림들에게 책임이 있다"고 밝혔다.[140] 이제 외부에서도 강력한 유일신 신앙을 통해 평화세계를 이루려 한 이슬람이 부흥했던 역사적 배경, 역사 전개 과정에서의 관용과 포용력, 지하드의 복합적 의미, 근대 들어와서 정치화된 지하드 문제에 대한 종합적 이해와 비판적 안목이 두루 필요하다.

---

139 http://www.yonhapnews.co.kr/bulletin/2015/11/10/0200000000A KR20151110201300009.HTML(접속일: 2015년 12월 29일)
140 http://news.chosun.com/site/data/html_dir/2015/12/29/2015122900195. html(접속일: 2015년 12월 29일)

3부

문선명과
다종교사회

1

문선명 선생의
평화사상

　지구촌의 실현으로 다양한 종교적 배경을 가진 사람들이 함께 살아가는 다종교사회가 실현되고 있다. 한 공간에서 하나의 종교가 하나의 문화를 주도하는 것이 아니라 다종교가 다문화를 형성하여 동등한 권리를 누릴 수 있는 사회가 된 것이다. 그러나 외형적인 다종교사회가 구현되고 있지만 종교인들이 자기 종교의 정체성을 잃지 않으면서도 타종교를 인정하고 존중하며 상생할 수 있는 진정한 다종교사회는 실현되지 못하고 있다. 크고 작은 종교 간 갈등이 세계 도처에서 일어나고 있으며 한국 안에서도 그리스도교의 땅 밟기를 비롯하여 수쿠크법 국회 통과저지, 봉은사역 지정 논란 등 다양한 종교갈등이 표면화되고 있다.

　과연 다종교사회에서 종교가 평화로운 공동체를 이루는데 촉매제 역할을 할 수 있는가? 우리는 2장에서 가장 큰 걸림돌로 거론되고 있는 유일신 종교의 근본사상과 그 역사적 전개를 통해 유대

교, 그리스도교, 이슬람 모두 평화와 공존의 사상을 가지고 있음에
도 불구하고 역사적으로 한 사회의 주류 종교가 되었을 때 본래의
평화적 이상을 상실하고 정치 권력화되는 것을 살펴볼 수 있었다.
이 과정에서 각 종교의 배타적이고 근본주의적인 특성이 부각되었
고 타종교에 대해 관용적인 자세가 사라지고 폭력적인 면을 보이
게 되었다.

만약 모든 종교가 이러한 딜레마를 극복할 수 없다면 다양한 종
교의 평화로운 공존과 상생은 이룰 수 없을 것이다. 이런 한계 속
에서 다종교사회는 힘의 균형에 의한 암묵적인 동거상태에 불과하
다. 한 종교가 힘의 균형을 깨고 제도권 종교가 되는 순간 다른 종
교에 대한 관용은 기대할 수 없기 때문이다.

진정한 다종교사회를 이루기 위해서는 자기 종교의 정체성을 유
지하면서도 이웃 종교를 인정하고 화합할 수 있는 종교다원주의가
요청되며 종교가 정치에 의해 종속되거나 이용되지 않고 정치를
바른 방향으로 이끌 수 있는 현실적인 힘을 가져야 할 것이다.

문선명 선생의 종교평화사상과 그 실천은 그런 의미에서 주목
할 만하다. 선생은 '하나님 아래 인류 한 가족One Family Under God'
의 평화비전을 제시하면서 하나님은 인류의 부모이자 근원자이기
에 인종과 종교, 문화를 초월해 계시며 차별을 두지 않는다고 하였
다. 모든 종교는 과감한 자기 개혁과 함께 타종교를 형제종교로 인
정하고 한 가족이 되어 조화로운 관계를 발전시켜 나가야 한다고
주장하였던 것이다.

이러한 주장은 문선명 선생 자신의 경우에도 예외가 없었다. 선
생은 이슬람 지도자를 만날 때 터번을 썼으며 아프리카를 방문할

때면 현지 종교에서 주는 지팡이를 기쁜 마음으로 잡았다. 각 종교의 전통을 인정하고 존중하는 선생의 모습에서 많은 종단의 지도자들은 감동을 받았다. 선생은 그들에게 한 번도 개종을 권유한 적이 없었으며 자신의 종교 안에서 평화를 추구할 것을 설득하였다.

문선명 선생은 하나님의 궁극적인 뜻이 종교 자체가 아니라 평화로운 세계를 실현하는 것이었다고 강조하면서 "참된 종교는 자기 교단을 희생해서라도 나라를 구하고, 나라를 희생해서라도 세계를 구하고, 세계를 희생시켜서라도 인류를 구하는 것"이기에 "어떤 경우든 교파가 우선일 수 없다"고 말씀하였다. 선생에게 종교는 목적이 아니라 수단이었던 것이다. 본 장에서는 이러한 선생의 종교평화사상을 상세히 알아볼 것이다.

또한 문선명 선생은 종교가 정치에 예속되거나 현실을 도외시하지 않고 정치를 비롯한 현실 세계를 이끌어가는 기관차의 역할을 하길 바라셨다. 유일신 종교의 역사가 말해주듯이 어떠한 종교도 폭력을 정당화하지 않음에도 불구하고 제도화 과정에서 종교지도자들이 정치화되고 권력에 길들여지면서 다른 종교에 대해 배타적이 되는 경우가 많았다. 문선명 선생은 이러한 종교의 한계를 극복하기 위해 현실 세계 안에서 종교가 정치와 상보적인 역할을 해야한다고 보았다.

문선명 선생은 종교지도자였지만 사후에 가는 천국을 강조하지 않았다. 인간이 사후에 천국에서 살기 위해서는 지상 생활을 하는 현실 세계에서 천국의 생활을 경험해야 한다고 보았기 때문이다. 즉 우리가 살아가는 세계가 천국, 평화로운 세계가 되어야 사후에도 천국에 갈 수 있다고 말씀하였던 것이다.

이러한 선생의 사상은 현실 세계를 보다 평화롭게 바꾸려는 여러 운동으로 실천되었다. 특히 종교 지도자들이 서로 대화할 수 있는 열린 논의의 장을 만드는 것은 물론 정치지도자들과 상호 연대하여 평화 세계를 실현해 나가는 데 기여할 수 있도록 하였다. 본 장에서는 이러한 실천들을 소개하여 다종교사회를 위해 우리가 가져야 할 자세를 생각해보고자 한다.

평화의 참 뜻

평화는 평등 위에 조화를 이루는 것

문선명 선생의 사상과 전 생애를 아우르는 핵심적인 키워드는 평화일 것이다. 선생은 하나님과 인간, 온 만물이 사랑의 평평한 관계 맺음을 통해 조화롭게 살아가는 상태를 궁극적인 평화로 이해하면서 일생동안 사회, 경제, 문화 전반에 걸쳐 실체적인 평화를 구현하기 위해 노력해 왔다. 선생은 종교적 신념을 가지고 전쟁과 같은 직접적인 폭력뿐 아니라 갈등을 유발하고 정당화하는 구조적, 상징적인 폭력들에 저항하면서 평화를 실천하고자 했던 이 시대의 진정한 평화주의자였다.

문선명 선생은 평화를 상대와 수평을 이루어 조화를 이룬 상태라고 설명한다.[141] 평화의 평平이란 글자는 호리즌탈Horizontal로, 주체와 대상의 수평적인 관계 맺음을 나타낸다. 이때 굴곡 없이 평평해

---

141 문선명선생말씀편찬위원회 편, 《문선명선생말씀선집 86권》(서울: 성화출판사, 1989), 98. 이하 《문선명선생말씀선집 00권》과 페이지로 간략하게 표기함.

지는 수평적 관계는 상대와의 차이를 모두 없앤 균등이나 동질화
로 이해되지 않는다. 마치 고기압과 저기압이 만나 대기가 평평해
지고, 윗물과 아랫물이 만나 고요한 바다를 이루는 것처럼 하나님
으로부터 물려받은 각자의 고유한 개체성과 차이를 포용하면서도
이것이 상대에 대한 차별과 억압으로 이어지는 않는, 서로가 서로
를 평평하게 마주 보는 관계 작용의 새로운 방식으로 이해된다.

평화의 화和는 하모니Harmony로 하나님을 중심으로 모든 생명체
가 조화와 화해를 이룬 상태를 뜻한다. 이상적인 창조세계는 하나
님과 인간, 자연과 우주가 싸움이나 대립이 아닌 큰 조화와 협동으
로 서로 연결되어 화和를 이룬 세계이다. 하나님의 창조물이자 유
기적인 한 생명체로서 모든 존재들이 사랑의 상응적 관계 속에 하
나 되고, 조화를 이룰 때 평화가 자리하게 된다. 이런 관점에서 볼
때 화和는 한쪽이 다른 한쪽을 흡수하거나 일방적으로 동일성을 강

문선명 선생은 종교적 신념을 가지고 전쟁과 같은 직접적인 폭력뿐 아니라 갈등을 유발하고 정당화하는 구조
적이고 상징적인 다양한 형태의 폭력들에 저항하면서 평화를 실천하고자 했던 평화주의자였다. 사진은 1991
년 세계평화초종교연합 창설대회에서 기조강연을 하는 문선명 선생.

조하는 강압적 개념이 아니라는 것을 쉽게 짐작할 수 있다. 모든 존재들이 있는 그대로의 자신을 유지하면서도 상대를 향한 무한한 열림을 바탕으로 더 큰 선을 이루기 위해 서로 화합하는 것이 진정한 화和의 의미이다.

이렇듯 문선명 선생은 삶의 다양한 층위 속에서 만나게 되는 두 존재가 수평적 관계를 맺어 조화롭게 살아가는 것을 평화로 보았다. 이때 참평화를 구현하기 위해서는 상대와 평평한 관계를 만드는 것이 무엇보다 중요하다. 수평이 전제되지 않고는 서로 횡적으로 연결되어 하나 될 수 있는 조화의 기준이 설정되기 어렵기 때문이다.

> 서로 대등한 입장, 좋은 사람들끼리나 좋은 가정들끼리는 서로 횡적으로 연결될 수 있습니다. 또 좋은 나라끼리도 횡적으로 연결될 수 있습니다. 여기에 평등, 즉 평화가 있습니다. '평화'의 '평平'은 수평을 뜻합니다. 이'평平'이 없어가지고는 '화和'했다 하더라도 그 화함은 곧 없어지는 것입니다.[142]

이렇듯 평화란 타인에 대한 착취나 억압, 차별이 없는 공평하고 수평적인 관계의 질서가 전제되어야만 수립된다. 한쪽이 강압적으로 다른 한쪽을 통제하고 구속하는 지배적 관계에서 이루어지는 평화는 힘 있는 자들을 위한 일방적 평화이지 전체를 위한 평화가 될 수 없다. 종교와 국가, 사상의 차이를 넘어 상대와 상대가 서로를 마주 보며 수평의 자리에 설 때 참된 조화와 평화가 가능해진다.

그렇다면 상대와의 수평적 관계 맺음은 어떻게 이루어지는가?

---

142 《문선명선생말씀선집 34권》, 228.

수평을 구현할 수 있는 원동력은 과연 무엇인가? 문선명 선생은 두 존재 간의 수평을 만들어 낼 수 있는 근본 힘은 참된 사랑에서 비롯된다고 밝힌다. 사랑은 상대에 대한 폭력이나 차별, 억압을 끊어내고 생명과 평화의 문화를 새롭게 창조해 내는 근원적인 힘이다. 사랑은 어떠한 외적인 차이에도 불구하고 상대를 나와 같은 위치로 끌어올려 평평하게 만들려는 속성을 지니고 있다. 사랑 자체가 끝없이 타인을 위하고자 하는, 주고도 준 사실조차 기억하지 않고 상대의 삶을 충만함으로 채워주고자 하는 본성을 지니고 있기 때문이다.

> 사랑에는 상하가 없습니다. 그러기에 그 사랑의 주관권 내에 있게 될 때에는 아무리 끝에 있다고 해도 전체를 소유할 수 있는 권한이 있는 것입니다. 사랑의 세계에는 층하가 없다는 것입니다. 언제나 무한한 평화와 무한한 평등과 무한한 공적인 가치를 가지고 있기 때문에 크고 작은 것이나 상하가 문제가 될 수 없습니다.[143]

> 사랑의 힘은 물과 공기와 마찬가지로 언제든지 수평을 만드는 것입니다. 물도 언제나 수평을 만들고, 공기도 고기압은 저기압으로 흘러가서 언제나 수평을 만든다구요. 사랑도 마찬가지입니다. 사랑은 모든 것을 평준화하는 것입니다.[144]

사랑의 세계에는 층하가 없기 때문에 사랑으로 하나 된 사람들은 정치적, 경제적, 사회적으로 큰 차이를 지닌다 할지라도 이러한 차이의 골을 메워 수평을 이룰 수 있다. 아무리 많은 권력을 지닌 남자라도 진정으로 사랑하는 연인 앞에서는 그러한 외적인 차이들

---

143 《문선명선생말씀선집 14권》, 249.
144 《문선명선생말씀선집 294권》, 328.

이 문제 되지 않는 것처럼, 참사랑은 모든 격차를 초월하여 상대를 대등한 위치로 끌어올리는 역동성을 지닌다. 가장 낮은 위치에 있는 사람, 끝에 있는 사람도 전체를 소유할 수 있는 권한을 가질 수 있는 것은 사랑이 있기에 가능하다. 이렇듯 높고 낮음을 초월하여 타인을 나와 동일한 가치를 지닌 존재로 인식하도록 만들고, 수평을 구현해 나가도록 이끄는 참된 사랑은 이 땅 위에 항구적인 평화를 정착시키는 궁극적 기반이다.

따라서 문선명 선생은 사랑이 전제되지 않고는 참된 평화가 이루어질 수 없다고 밝힌다. 평화에 대한 선생의 가르침은 증오가 아닌 사랑, 폭력이나 전쟁이 아닌 비폭력이 곧 평화의 길임을 분명하게 제시하고 있다. 전쟁이나 폭력, 힘으로 상대를 누르는 억압과 착취의 관계 구조를 통해서 성립되는 평화는 일시적인 거짓평화에 불과하다. 평화는 총칼을 녹여 쟁기와 보습을 만들 때 비로소 가능하다. 어느 한 국가의 정치력이나 경제력, 군사력이 아닌 상대를 보다 위하고자 하는 참사랑을 개인적 차원에서뿐 아니라 가정과 사회, 국가, 세계적인 차원으로 확장하여 구김살 없이 평평한 관계를 실체적으로 구현해 나갈 때 참평화가 이루어질 수 있다.

참사랑의 절대적 기준은 하나님

평화는 상대를 위하고자 하는 참사랑을 토대로 수평적 관계를 맺어 조화와 화해를 이룬 상태를 의미하기 때문에 평화와 사랑은 불가분의 관계를 지닌다. 평화는 사랑을 전제하고 타인에 대한 사랑의 힘을 내포해야만 비로소 역동성을 지닐 수 있다. 그런데 이러한 평화의 정의에 있어서 우리가 부딪치게 되는 현실적인 고민은 사랑의 기준을 어디에 두느냐 하는 것이다.

오늘날 우리는 사랑이라는 이름으로 자행되는 수많은 형태의 폭력을 목격하게 된다. 자기 민족이나 공동체에 대한 사랑은 타민족이나 타공동체에 대한 우월주의나 배타성으로 드러나기도 하며, 보다 큰 사랑의 실현이라는 이름 아래 상대에 대한 잔인한 폭력을 허용하거나 정당화하는 경우도 있다. 이처럼 상황과 이해관계에 따라 달라지는 불완전한 인간이 정의하는 사랑은 언제나 폭력의 위험과 맞닿아 있다.

따라서 문선명 선생은 수평을 만들어 내는 근원적 힘인 사랑은 영원한 절대자로부터 기원하지 않으면 안 된다고 밝힌다. 지금까지 인류가 참된 평화의 세계를 끊임없이 추구해 나왔음에도 불구하고 진정한 평화가 성립되지 않은 것은 수평적 상대 관계를 실현할 수 있는 사랑의 기준을 절대자가 아닌 인간을 중심으로 설정한데 근본 원인이 있다.

> 인류 역사상 어떠한 시대에서도 인간들은 영원하고 보편적이며 진정한 사랑과 행복과 평화와 이상의 세계를 추구해 나왔습니다. 현대에 있어서도 이것이 실현되기를 기다리고 추구하고 있습니다. 그러나 그 소망이 결핍된 자리에 서 있다고 하는 사실을 우리는 너무나도 잘 알고 있습니다. … 이와 같이 변화해 가는 인류 세계에 있어서 그러한 소망이 이루어지지 않는다 하더라도, 만일 인간을 초월해서 절대적인 하나님이 존재한다고 한다면 그 하나님은 진정한 사랑, 진정한 평화, 진정한 행복, 진정한 이상을 성취할 것이 틀림없습니다. 이 외에 우리들이 추구해 나갈 다른 길은 없는 것입니다.[145]

문선명 선생은 폭력과 전쟁이 난무하는 비평화적 현실을 극복하

---

145 《문선명선생말씀선집 72권》, 10.

기 위한 궁극적 대안을 하나님으로부터 찾아야 한다고 주장한다. 평화는 하나님을 기원基元으로 하나님의 참사랑의 질서에 따라 선포되고 수립된다는 말이다. 평화의 주체는 하나님이며, 하나님의 본질적 속성인 참사랑이 온 지구에 평평하게 실현된 결과가 곧 평화이다. 따라서 참된 사랑이 시작되는 기점인 하나님에 대해 제대로 알지 못하고서는 인류가 희구하는 참평화가 정착되기 어렵다. 신의 실존을 명확히 인식하고, 그 하나님이 제시하는 사랑의 길을 찾아 나갈 때 우리는 평화를 성취할 수 있는 근본적인 원리와 방향을 깨우칠 수 있게 된다.

평화는 상대와의 수평적인 관계 맺음을 통해 드러나고, 그러한 수평을 구현해 내는 근원적 힘이 절대자의 사랑이라면 과연 하나님의 사랑은 어떠한 사랑인가? 먼저 하나님의 사랑은 상대 지향적 사랑이라는 점에서 모순되고 불완전한 인간의 사랑과 구분된다. 하나님은 사랑의 본체로서 사랑하지 않고는 견딜 수 없는 충동을 지니고 있으며, 이러한 충동이 동기가 되어 영원한 사랑의 대상자로 인간을 창조하였다.[146] 아무리 전능한 하나님이라도 사랑을 실현하기 위해서는 무한히 샘솟아 오르는 사랑의 감정을 거리낌 없이 주고받을 수 있는 대상자가 필요하다. 이러한 대상자가 없이 혼자서는 창조주 하나님이라도 결코 충만한 사랑의 기쁨을 만끽할 수 없다.

사랑은 이렇듯 상대로부터 오며, 상대가 없이는 성립할 수 없는 것이므로 하나님의 사랑은 언제나 상대를 지향하며, 상대를 위해 무한히 열려 있다. 곧 하나님의 사랑은 자신을 내세우기에 앞서 상대를 먼저 생각하고 위해주고자 하는 특징을 지닌다.

---

146 통일사상연구원, 《통일사상요강》(서울: 성화출판사, 1994), 60-61.

상대 지향적인 하나님의 사랑은 인간 창조의 과정에서도 여실히 드러난다. 하나님은 최고의 사랑의 파트너이자 아들딸인 인간을 창조할 때에 자신의 모든 것을 아낌없이 투입하였다. "하나님께서 인간을 지으실 때, 온갖 정성을 다 들이시고 또한 심혈과 당신의 생명의 핵심을 다 기울여 지으셨으며, 사랑과 애정을 몽땅 퍼부어 지으셨습니다. 어떠한 힘 가지고도 떼려야 뗄 수 없고, 갈라지려야 갈라질 수 없는 인연 가운데서 지으신 것입니다"[147] 라는 말씀처럼 사랑의 대상을 위해 전심전력을 다 하고 자기의 모든 것을 겸허히 내어주고 또 내어주는 것이 하나님의 사랑의 본질이다.

하나님의 사랑은 상대 지향적일 뿐 아니라 자기희생적인 사랑이기도 하다. 하나님은 아무런 기대나 조건 없이 무조건적으로 사랑을 베풀며, 자신이 사랑을 준만큼 이에 상대가 보답하기를 기대하지 않는다. 하나님의 사랑은 갚아야 할 것을 갚는 보상 내지 응보의 개념으로 이해될 수 없다. 하나님의 인간 창조가 그러했듯이 아무것도 돌려받겠다는 기대나 조건 없이 전적으로 자신을 내어주고 투입하는 사랑이다.[148] 절대자의 사랑은 이처럼 자기만족이나 자기의 요구를 충족시키기 위해 조건적으로 내어주는 이기적인 사랑이 아니라 주고도 준 사실조차 기억하지 않는, 더 많은 것을 주지 못해 안타까워하고 부끄러움을 느끼는 순수한 헌신으로서의 사랑이다.

또한 하나님의 사랑은 모든 인간을 그 자체로 동등하게 배려하는 사랑이다. 하나님은 상대가 가지고 있는 사회적 지위나 계급, 인종, 국가, 종교의 차이를 넘어 있는 그대로의 개개인을 존중하며

---

147 세계평화통일가정연합,《천성경》(서울: 성화출판사, 2005), 88.
148 세계평화통일가정연합,《평화훈경》(서울: 성화출판사, 2007), 60.

사랑하신다. 사랑을 받을 수 있는 가치나 자격이 있는 자들만을 제한적으로 선택하여 사랑하는 것이 아니라는 말이다. 따라서 하나님의 사랑은 국경이나 경계의 차이를 훌쩍 뛰어넘는다. 국경의 담이 허물어지고 종교의 벽이 갈라져 모든 인류가 하나님의 자녀로 동등하게 대우받는 것이 하나님의 참사랑이다.

이와 같이 하나님으로부터 출발하는 사랑은 상대를 먼저 위하는 사랑인 동시에 준 사실조차 기억하지 않는 순수한 자기희생적 사랑이며, 국경이나 사상, 인종을 넘어 모두를 한 가족으로 품고 동등하게 대우하는 보편적 사랑이다. 이러한 절대자의 사랑에서 평화의 기반이 설정되고, 항구적인 평화사상이 나온다. 인간과 온 피조세계를 향한 하나님의 참된 사랑 이상 속에서 우리는 폭력과 착취, 불평등의 고리를 과감히 끊어내고, 현실의 간격과 차이를 넘어 평평한 수평적 세계를 이루어 나갈 수 있는 근원적인 동기와 힘을 발견할 수 있게 된다.

하나님을 중심한 영원불변하는 평화를 이루어야 한다는 문선명 선생의 사상과 실천은 미국의 각 종단 지도자들이 참여하는 성직자모임의 기반이 되었다. 사진은 2014년 12월 개최된 미국 성직자회의 장면.

평화의 실현

평화의 시작은 이상적 개인

문선명 선생은 평화가 도래하기 위해서는 하나님의 실존을 명확하게 인식하고 하나님의 본질적 속성인 사랑을 토대로 사회, 정치적인 삶 속에서 수평을 만들기 위해 노력하는 선한 한 사람이 있어야 한다고 강조한다. 평화의 정착은 타인의 고유한 개체성을 존중, 배려하면서 참사랑의 수평적 관계를 맺으려고 애쓰는 평화로운 개인에서부터 출발한다는 것이다.

평화를 이루기 위해서는 물론 인간의 삶을 억압하는 다양한 형태의 폭력들에 대응할 수 있는 저항력이나 불의한 제도나 체제의 개선이 요구되지만 이러한 모든 것도 결국은 타인에 대한 책임의식을 가지고 사랑을 실현하고자 하는 선한 개인이 전제되지 않는다면 이루어지기 힘든 것이 사실이다. 제도와 정책을 바꾸기 이전에 우리의 마음과 의식을 평화롭게 변화시켜야만 폭력과 갈등을 근본적으로 해소할 수 있다. 이에 문선명 선생은 사람이 바뀌는 근본적인 내면의 변혁이 일어나지 않고서는 평화 세계가 요원하다고 밝히고 있다.

> 인류가 선할 수 있기 위해서는 먼저 인류를 형성하고 있는 개개인이 선하지 않으면 안 됩니다. 그렇지 않고서는 인류가 선해질 수 없는 것입니다. 결국은 한 사람 한 사람이 선한 사람이 되고, 한 사람 한 사람이 참된 입장에 서서 평화의 동기가 되든가, 혹은 선한 결과의 입장에 변함없이 영원히 설 수 있어야 하는 것입니다. 그렇지 않고는 아무리 평화로운 세계가 되기를 바란다 하더라도 이 세계는 평화의 세계가 될 수 없는 것입니다.[149]

149 《문선명선생말씀선집 38권》, 300.

문선명 선생은 세계를 구성하는 개개인의 내면 속에 참평화가 자리하지 않고는 사회와 세계, 나아가 우주의 평화가 불가능하다는 근원적인 평화론을 제시하고 있다. 즉 인간의 내면과 사회를 통합적으로 파악하면서 인간의 마음 안에서 일어나는 분노와 이기심, 탐욕의 전쟁이 세계의 전쟁으로 분출된다고 본다. 사람과 사람 사이의 전쟁은 결국 각 개인의 보이지 않는 내면에서 일어나는 전쟁의 반영에 지나지 않는다. 이는 곧 개개인의 마음속에 평화의 나타남이 없이는 이 땅 위에 실제적인 평화가 이루어지기 어렵다는 것을 뜻한다.

한 개체의 내면에서 일어나는 투쟁과 전쟁을 문선명 선생은 마음과 몸의 상충으로 설명하고 있다.[150] 본래 완성한 인간은 하나님의 사랑을 토대로 마음과 몸이 하나 된 조화의 관계를 이루고 있다. 상대를 조건 없이 위하고 또 위하려는 하나님의 참사랑으로 가득한 마음에 감응하여 몸이 자동으로 움직이면서 그 안에 평화가 자리하는 것이 창조의 본래적 이상이다. 그러나 타락으로 인하여 마음과 몸이 서로 갈라졌고, 인간의 마음이 선의 기준을 찾아 사랑과 통일을 지향하고자 하는 반면 인간의 몸은 물질을 중심한 개인의 이기적인 삶을 추구하고자 함으로써 마음과 몸이 끊임없이 상충되는 모순된 현실에 직면하게 되었다. 마음과 몸이 투쟁하는 불완전한 개인이 모여 가정을 이루고, 투쟁하는 가정이 다시 사회,

---

150 문선명 선생은 마음을 하나님의 일선으로 몸을 사탄의 일선으로 표현하고 있다. 하나님을 지향하는 마음과 사탄을 지향하는 몸이 끊임없는 상충 속에 갈등하는 것이 오늘날 인간의 현실적 모습이다. 이러한 갈등하는 개인이 모여 가정과 사회, 국가를 형성하기 때문에 인간은 참된 평화적 누릴 수 없게 된다. 이에 문선명 선생은 한 개체 안에 존재하는 마음과 몸의 상충을 해결하지 않고는 참된 평화가 이루어질 수 없다고 강조한다. 세계평화통일가정연합, 《문선명 선생의 평화사상》(서울: 성화출판사, 2002), 84-85.

국가, 세계를 이룸으로써 평화가 사라진 오늘의 현실이 된 것이다.

그렇기 때문에 문선명 선생은 이 갈라진 마음과 몸을 하나로 만들어 한없이 상대를 위하고자 하는 이타적 인격을 회복하지 않고서는 평화가 시작될 수 없다고 본다. "세계평화의 기준이 저 역사시대의 종말점에 있는 것이 아니라 내 몸과 마음이 싸우는 것을 통일시킬 수 있는 자리에 있습니다"[151] 라는 말씀처럼 사랑과 평화, 이웃과의 화해를 추구하는 본심의 지향성에 따라 몸이 자연적으로 따라오는 참사랑의 인격으로 변화되지 않고는 역사 속에서 반복되어 나타나는 비평화적 현실과 폭력의 악순환으로부터 우리는 결코 벗어날 수 없다.

문선명 선생이 '우주주관 바라기 전에 자아주관 완성하라'고 끊임없이 강조한 것도 바로 이 때문이다. 참사랑에 기반 한 자아주관을 통해 이기심과 편견, 폭력이 지배하는 자아를 넘어서야만 우리는 비로소 타인과 수평을 이루어 화和할 수 있는 보다 고차원적인 자리로 나아갈 수 있게 된다.

이렇듯 문선명 선생이 추구하는 평화는 불의한 구조나 제도의 폭력으로부터의 해방일 뿐 아니라 인간의 내면에서 일어나는 탐욕과 차별, 이기심으로부터의 해방을 의미한다. 평화는 정치적, 사회적인 변혁인 동시에 마음과 몸의 통일체를 이루어 사랑을 실천하는 이타적 존재가 되기 위한 인간 내면의 철저한 개혁이기도 하다. 자아의 모순을 극복하고 마음과 몸이 조화된 이상적 사람이 평화의 시작인 것이다.

---

151 《문선명선생말씀선집 139권》, 95.

평화의 기본단위는 이상가정

평화의 출발이 이처럼 평화로운 개인으로부터 시작하는 것이라면 평화의 가치관을 가지고 이를 삶 속에서 실천해 나가는 평화인은 어떻게 양육되는 것인가? 문선명 선생은 평화인을 양성하는 터전으로 이상적인 가정을 제시하고 있다. 다시 말해 가정은 평화실현의 근원적 힘인 하나님의 참사랑을 실체적으로 경험하는 장으로 개개인의 인격을 성숙시킬 뿐 아니라 평화의 가치가 학습되고 훈련되는 평화의 훈련장이다.

문선명 선생에 의하면 이상적인 가정에는 부모, 부부, 형제자매, 자녀 간의 4대 사랑이 존재한다. 이러한 4대 사랑은 하나님의 참사랑이 분성적으로 실체화되어 나타난 것이다. 다시 말해 가정의 4대 사랑은 하나님의 사랑의 구체적인 한 형태들이다.[152] 따라서 우리는 가정에서 이루어지는 이 4대 사랑의 경험을 통해서 평화의 근원이 되는 하나님의 사랑을 실제적으로 느끼고 체득할 수 있게 된다. 예를 들어 자식을 향한 부모의 무조건적인 사랑의 경험은 인류의 부모이신 하나님의 참사랑을 체득할 수 있는 심정적 기반이 된다. 또한 부모의 희생적 사랑에 감사하면서, 그 사랑에 보답하고자 하는 자녀의 부모사랑의 마음은 하나님에게 효를 다하고자 하는 공경의 마음으로 이어진다. 이렇듯 가족 구성원들 간의 이상적인 사랑은 하나님의 참사랑을 직접적으로 체험할 수 있는 심정의 기반이 된다.

가정의 4대 사랑을 단계적으로 경험하는 과정 속에서 평화의 근원인 하나님의 참사랑이 체휼되고, 이를 통해 하나님의 뜻을 깊이

---

152 주재완, 〈세계평화통일가정연합의 신인애일체 사상〉, 《신종교연구》제33집(2015), 83.

있게 이해하고 그 뜻대로 살고자 하는 인격의 '성숙'이 이루어진다. 다시 말해 부모사랑, 부부사랑, 형제자매사랑, 자녀사랑의 경험에 의해 상대를 한없이 위하고자 하는 마음과 태도의 변화가 일어난다. 가족 구성원과 사랑을 주고받으며 기쁨을 누리는 과정 속에서 하나님의 사랑을 깊이 있게 공감하고 체휼한 사람은 자연스럽게 그 사랑과 하나 되어 하나님이 소망하는 참사랑의 삶을 살고자하는 마음의 동향을 갖게 된다. 하나님과의 심정적 교류가 일어나고 마음과 몸이 자유롭게 하나님을 향하게 되면서 사랑과 평화의 가치를 자신의 인격의 핵심으로 내면화하게 되는 것이다.

> 본래 인간은 부모의 사랑을 받고 자녀의 심정을 체득하면서 자라고, 그다음에 형제끼리 사랑하면서 형제의 심정을 체득하면서 자랍니다. 장성하여 참된 인격을 갖춘 완성한 참사람이 되면 부부생활을 통하여 서로 사랑함으로써 부부의 심정을 체득하게 됩니다. … 이렇게 인간은 성장기간 동안 생활과 경험을 통하여 하나님의 참사랑을 단계적으로 체휼하게 되어 있었습니다. 즉 사람은 자녀의 심정, 형제의 심정, 부부의 심정, 부모의 심정 등 4대 심정을 단계적으로 체득하면서 완성되는 것입니다. 인간의 인격과 행복의 척도는 사랑을 어떻게, 또 얼마만큼 느끼고 주고받느냐에 따라 구분이 됩니다.[153]

부모의 사랑의 결실체로 태어나 사랑에 의해 키워지고, 또 다른 차원의 사랑으로 새로운 가정을 이루어 그 결실로 자녀를 낳는 일련의 경험적 과정에서 하나님의 참사랑이 단계적으로 체득되고, 그 사랑의 이상대로 살고자 하는 심정의 성숙이 이루어진다. 인간의 인격적 완성은 이렇듯 가족 구성원들 간에 진정한 사랑을 주고받으며 충

---

153 세계평화통일가정연합, 《평화경》(서울: 성화사, 2013), 537.

만한 기쁨과 행복을 누리는 이상적 관계 속에서 실현될 수 있다.

　가정의 4대 사랑은 평화인으로서 개개인의 인격을 성장시킬 뿐
아니라 타인에 대한 사랑을 실천할 수 있는 기반으로 작용하기도
한다. 가정 안에서 이상적인 4대 사랑을 충분히 경험한 사람은 그
사랑을 자신의 혈연적 관계에만 국한시키지 않는다. 즉 가정에서
이루어지는 4대 사랑의 전형은 이웃에 대한 사랑으로 더욱 확장된
다. 문선명 선생은 부모, 부부, 형제자매, 자녀 사이에 이루어지는
가족적 사랑은 보다 넓은 사회적 관계에 적용되어 만인을 한 가족
으로 사랑할 수 있는 심정적 토대가 된다고 밝힌다.

　　사랑을 우주에 적응시키기 위해서는 가정이 절대적으로 필요합니다.
　　가정에서 부모를 사랑할 줄 알아야 부모와 같은 연령의 사람들을 사랑
　　할 수 있고, 가정에서 할아버지와 할머니를 사랑해 보아야 그러한 연
　　령의 사람들을 사랑할 수 있습니다. 그다음에 시누이를 사랑해 보아야
　　시누이와 같은 사람들을 사랑할 수 있고, 시동생과 시아주버니를 사랑
　　할 수 있어야 시동생과 시아주버니 같은 사람들을 사랑할 수 있습니

문선명 선생은 하나님을 중심한 가정은 평화세계를 이루는 근간이 된다고 강조하였다. 특히 선생은 국가와 인
종, 민족과 종교를 초월하여 가정을 이루어 사는 것이 평화세계를 이루는 첩경이라고 말하였다. 사진은 2001
년 1월 29일 UN 본부에서 개최된 세계평화축복식에 각국의 전통의상을 입고 참석한 신랑·신부들의 모습.

다. 그래야 전 세계 인류를 사랑할 수 있다는 것입니다.[154]

가정에서 내 부모를 사랑한 사람은 사회에서 부모의 위치에 있는 사람들이 당하는 고통과 비참함, 폭력에 결코 무관심할 수 없다. 가정에서 자신의 부모를 사랑하고 공경하는 마음은 부모와 같은 연령의 세계 모든 사람들을 사랑하고자 하는 마음으로 확장된다. 또한 가정 안에서 나의 형제자매들을 사랑하는 것처럼 공동체의 이웃과 동료들을 자신의 형제자매와 같이 사랑하게 된다.

문선명 선생은 혈연관계에 기초한 가족에 대한 사랑이 타인에 대한 사랑과 결코 충돌되지 않는다고 본다. 하나님의 참사랑은 주면 줄수록 더 커지는 속성을 지니고 있으며, 인종과 국경의 차이를 넘어 모두를 동등하게 배려하는 보편적 사랑이기 때문에 가정에서 경험한 사랑의 경험은 필연적으로 보다 큰 공동체, 더 큰 전체를 위하고자 하는 사랑의 확장을 가져온다. 가정 단위에서 체험되는 4대 사랑은 혈연적 관계를 넘어 모든 인류를 나의 한 가족으로 품어 안을 수 있는 사해동포주의 내지 인류 한가족의 이념으로 발전하게 되는 것이다.[155]

이렇듯 이상적인 가정은 하나님의 참사랑을 체휼함으로써 자신의 인격을 성숙시키는 터전인 동시에 나의 가족에 대한 사랑에 비추어 타인을 사랑할 수 있는 인류 한가족의 평화적 가치를 함양하고 배우는 근원적인 장이다. 절대자의 참사랑을 토대로 타인을 보다 위해주면서 수평을 구현하고자 하는 평화의 마음은 이상적인

154 《문선명선생말씀선집 106권》, 25.
155 김항제, 〈문선명 · 한학자 선생의 영세평화사상과 종교평화운동〉, 《문선명 선생 성화3주년 기념 국제학술대회 발표 논문집》(2015), 191.

가정 안에서 자연스럽게 형성된다.

이에 문선명 선생은 세계평화의 초석을 놓는 것도 가정이요, 세계평화로의 길을 파괴할 수 있는 것도 가정이라고 역설하였다. 하나님의 사랑의 분성적 형태인 4대 사랑이 깊이 있게 체휼되는 이상적인 가정이 되어야만 타인과 수평적 관계를 만들어 나가는 참사랑의 평화인을 양성할 수 있고, 나아가 모든 인류가 한 가족으로 더불어 살아가는 평화 세계를 이룰 수 있다는 것이다. 참평화는 하나님의 참사랑을 체득하고, 인류에 대한 보편적 사랑의 마음을 키울 수 있는 이상적인 가정을 기본 단위로 구현되는 것이다.

평준화를 통한 수평적 세계

문선명 선생에 따르면 하나님은 인류의 부모로서 모든 사람이 보다 나은 삶을 구현하기 위한 경제적, 사회적 수단들을 공유하면서 조화롭게 살아가는 평화의 세계를 소망하신다. 마치 우리의 부모가 가정에서 모든 자녀들에게 균등한 생활조건을 제공하고자 노력하는 것처럼 인류의 부모인 하나님 또한 인종, 종교, 사상, 국가의 차이를 초월하여 전 인류에게 평등한 생활조건을 주려는 부모로서의 사랑을 지니고 있다.[156] 참된 가정에서 이루어지는 4대 사랑의 경험을 통해 이러한 하나님의 심정에 공명된 평화적 개인은 더불어 잘 되기를 바라는 하나님의 뜻에 따라 상대와의 관계를 보다 평평하게 만드는 평준화를 추구해 나가고자 한다.

오늘날 우리는 인류 한가족이라는 관점을 토대로 세상을 바라보게 될 때 이웃과의 수평적 관계 맺음을 저해하는 수많은 형태의 차

---

156 세계평화통일가정연합, 《원리강론》(서울: 성화출판사, 2010), 471.

별과 불평등을 직시하게 된다. 인종, 종교, 계급, 경제 등 삶의 다양한 영역에서 격차와 차별이 행해지고, 타인의 보다 나은 삶을 위한 기회를 빼앗는 무자비한 구조의 폭력이 비일비재하게 일어나고 있다. 자본과 기술을 독점하고 있는 선진국은 물질적 풍요를 누리는 반면 아프리카와 같은 개발도상국들은 기아와 빈곤에 허덕이며 소중한 생명마저도 위협받는 비평화적 현실에 처해 있다. 또한 지구 반대편에 있는 가난한 나라에서는 우리가 쉽게 구할 수 있는 간단한 설사약이나 감기약이 없어 아이들이 죽어가는 비참함이 일상이 되기도 한다.

문선명 선생은 한쪽에는 넘치고 한쪽에는 부족한 이러한 격차와 차이를 하나님의 참사랑으로 평준화하지 않고서는 평화 세계가 도래할 수 없다고 밝힌다. 역사적으로 뿌리 깊게 박혀 있는 불평등에 저항하면서 상대와의 격차의 골을 참사랑으로 메워나가야 한다고 강조한다. 선생이 말한 데로 바로 옆에 있는 사람이 배가 고파 죽어 가는데 평화를 논한다는 것은 사치에 불과하다.[157] 행복하고 가치 있는 삶을 위한 경제적, 사회적, 문화적 수단들을 모든 나라의 사람이 동등하게 공유하는 평준화를 실현할 때 차이와 불평등에서 야기되는 폭력으로부터 해방된 평화적 삶을 누릴 수 있다.

보다 많이 가진 사람은 더 낮은 위치로 내려가고, 적게 가진 사람은 조금 더 높여주어 수평을 이루려는 평준화 사상은 이 땅의 모든 재화와 만물이 만인의 복지를 위한 것이라는 공생共生의 사상에 기초해 있다. 문선명 선생에 따르면 하나님은 인간의 윤택한 삶을 위하여 만물과 자연환경을 창조하셨다. 인간이 창조력을 발휘하여

---

157 문선명, 《평화를 사랑하는 세계인으로》(서울: 김영사, 2012), 356.

자연을 이용해 먹을 것을 얻고 생활을 보다 풍요롭게 하는 것은 하나님의 본래적인 뜻이다.[158] 문제는 이러한 재화와 만물이 특정한 개인이나 나라의 이익을 위해 '독점'된다는 사실에 있다. 하나님은 만물주관의 권한을 모든 인간에게 부여한 것이지 특정인에게 부여한 것이 아니다. 그럼에도 이기적인 인간은 자기의 행복과 물질적 욕망의 충족만을 위해 자원을 독점적으로 수단화하고 있다.

> 하나님이 만민의 평화의 무기로 주신 과학기술을 특정한 일국이 사용해서 세계를 탐하고 행복하게 되는 것을 하나님은 용서하지 않습니다. 만민의 행복을 위해 인간에게 주신 것이 과학기술입니다. 특정 백인만 그 혜택을 누리고 평화를 무시한 무기로 사용할 수 없습니다. 그런 관점에서 선생님이 기술 평준화를 말하는 것입니다.[159]

지식이나 기술, 교육, 부를 독점하는 것은 하나님의 평화를 저해하는 폭력이다. 사회적 재화와 자원의 독점은 외적인 경제력과 기술력 등 삶의 수준에 있어서 격차와 차이를 발생시켜 평平해져서 화和하고자 하는 평화의 실현을 방해한다. 이에 우리는 전 세계의 상호 발전을 위해 뒤처져 있는 나라들과의 차이를 좁혀 나가는 삶의 평준화를 실현해 나가야 한다. 물질적으로 윤택한 사람은 자신의 부를 경제적 소외와 박탈을 경험하고 있는 이웃에게 나눠주고, 배우지 못한 사람들에게는 공평한 교육의 기회를 제공하여 수평을 이루는 상생의 사회체제가 구축되어야만 온 인류가 한가족으로 더불어 살아가는 평화적 삶이 가능해진다. 타인과의 수평을 저해하

---

158 문선명, 《평화를 사랑하는 세계인으로》, 348.
159 《문선명선생말씀선집 190권》, 178.

는 억압과 착취의 구조적 폭력들에 대응하면서, 다양한 생활 수준의 격차들을 하나님의 참사랑으로 메워나갈 때 평화의 길이 열리게 된다.

종교와 평화

종교는 하나님을 찾아가는 길

앞에서 논한 것처럼 평화는 상대와의 수평적 관계 속에서 드러나고, 그러한 수평을 만드는 힘은 절대자의 참사랑에서 기원한다. 하나님의 참사랑은 상대를 한없이 위해주고자 하는 상대 지향적 사랑이며, 대가를 바라지 않는 무조건적인 사랑이다. 또한 하나님의 사랑은 인종, 종교, 사상, 국경의 담을 넘어 모든 인류를 자녀로서 동등하게 사랑하는 보편적인 사랑이다. 이러한 참사랑에 기초할 때 우리는 상대와의 차이의 골을 평평하게 메워 조화롭게 되는 참된 평화를 누릴 수 있다.

이렇듯 평화는 하나님의 참사랑에서 기원하는 것이므로 무엇보다 하나님의 실존과 하나님의 근본 속성인 참사랑에 대해 명확히 알지 않으면 안 된다. 평화의 주체가 바로 하나님이므로 창조주 하나님에 대한 이해가 선행되지 않으면 인류가 희구해온 참된 평화를 정착시킬 수 있는 근본 원리와 방향을 찾을 수 없다. 하나님에 대해서 정확하게 아는 것이 곧 평화를 실현하기 위한 근본 원리가 되는 것이다.

문선명 선생에 따르면 타락한 인간의 본심을 불러일으켜 하나님을 찾아가도록 인류를 이끌어 온 것이 바로 종교이다. 종교는 보이지 않는 근원을 탐구하여 인류에게 창조주 하나님이 존재한다는 사실을 가르쳐 주고, 하나님을 찾아갈 수 있도록 개개인의 영적인 각성을 촉구해 왔다. 하나님의 참사랑과 평화를 지향하는 양심을 자극하여 하나님의 뜻대로 살아가는 온전한 인격을 회복하도록 인간의 내면을 끊임없이 개혁하면서 가르쳐 나온 것이 종교라는 것이다.

> 우리의 양심은 인간이 하나가 되어야 된다는 것을 알고 있습니다. 인간은 평화를 지향해야 된다는 것을 압니다. 세계는 한 형제라는 것을 양심은 압니다. 양심의 법에서는 다 알고 있습니다. 그런데 오늘날 이 양심을 일깨우고 들춰내는 대혁명을 일으켜야 됩니다. 하나님은 새로운 인류 앞에 평화의 날을 세우기 위해 구상해 나오셨고 하나의 이념적인 사회, 이념적인 가정, 이념적인 개인을 찾아서 지금까지 수고해 나온 것이 양심을 기반으로 한 종교입니다. 그 종교를 중심 삼고 하나님이 개재해 끌고 나오는 것입니다.[160]

이처럼 하나님은 종교를 세워 타락한 인류에게 하나님에 대해서 알게 하고 내적인 것, 정신적인 것을 더 중시하여 참사랑의 마음을 회복하도록 인도해 나왔다. 세계에 나타나는 다양한 종교는 마음과 몸이 하나 되지 못한 고장 난 인간을 수습하여 창조주에게로 인도하기 위해 세운 방편들이다. 이렇듯 사랑과 평화 세계를 향해 나아가는데 있어서 종교는 본질적으로 중요한 역할을 담당한다. 즉 종교가 제시하는 영적 각성에 따라 선을 추구하고, 하나님의 사랑과 하나 되고자 하는 참사랑의 마음을 개발하는 가운데 영원한 평

---

160 《문선명선생말씀선집 151권》, 136.

화가 정착될 수 있다. 우리는 창조주 하나님을 가르치고 찾아가도
록 이끄는 종교를 통해 더 큰 선과 평화를 이룰 수 있는 근본 방향
을 수립해 나갈 수 있게 된다.

종교는 평화실현을 위한 방편

타락으로 인해 내적인 무지의 상태에 떨어진 인간을 내적인 지知
로 인도하여 하나님의 실존과 하나님의 창조이상을 다시금 깨우치
도록 하기 위해 세워진 것이 종교이다. 하나님은 인간의 역사 속에
함께 하시면서 시대와 지역, 문화적 특성에 적합한 다양한 종교를
통해 우리의 심정과 영성을 다시금 키워 나오신 것이다.

이런 관점에서 볼 때 종교는 그 자체가 목적이 아니라 인류로
하여금 하나님의 실존과 하나님의 뜻인 참평화를 깨닫도록 하기
위한 수단이자 방편으로서의 의미를 지닌다고 할 수 있다. 흔히 우
리는 진리에 대해 가르치는 종교 그 자체를 궁극적인 목적이라고
간주한다. 종교는 우리의 가치관과 삶의 태도를 규제하는 절대 신
념체계이기 때문에 어떤 것의 수단이 될 수 없다고 전제한다.

이와 달리 문선명 선생은 인류의 역사와 문화를 주도해 나온 종
교는 더 큰 목적을 이루기 위한 하나의 수단이지 결코 목적은 아니
라는 새로운 시각을 제시하고 있다. 세계에 나타나는 역사적인 종
교 전통들은 타락한 인간을 구원하여 하나님이 본래 이상하셨던
평화의 세계를 실현하려는 궁극적 목적을 이루기 위한 신의 섭리
적 방편일 뿐이다.

오늘날 수많은 종교가 출현하였지만 각각의 교조들이 자기 마음대로
종교를 만든 것은 결코 아니다. 하나님이 인류를 최종적으로 구하기

위하여 일정한 시대와 일정한 지역에 일정한 교조를 세워서 우선 그 시대, 그 지역의 사람들을 선의 방향으로 인도하려고 했던 것이다. 이것은 하나님께서 때와 장소에 따라서 언어, 습관, 환경이 다른 사람들에게 그 시대 그 지역에 적합한 종교를 세워서 구원섭리를 전개해 오셨음을 뜻한다.[161]

나아가《원리강론》은 각 종교가 진리체계로 중시하는 경전 역시 인간의 양심과 심령을 깨우치기 위한 수단이지 진리 그 자체는 아니라는 관점을 제시한다. 경전이란 불변하고 완결성을 지닌 진리가 아니라 타락한 인간에게 궁극적 진리에 대해 가르쳐 주는 하나의 교과서이다. 따라서 인간의 지능이 발달하여 진리를 이해하는 수준이 달라짐에 따라 각 종교의 경전도 시대정신과 더불어 새롭게 해석되어야 한다. 우리는 특정한 시대나 사회적 제반 조건에 있는 사람들에게 진리를 설명하기 위해 만들어진 경전을 문자 그대로 받아들일 필요가 없다는 것이다. 궁극적 진리 자체는 그대로지만 그 진리를 이해하는 인간은 시대와 문화에 따라 변화기에 경전에 대한 해석 또한 달라질 수밖에 없다.

> 경서란 진리 자체가 아니고 진리를 가르쳐 주는 하나의 교과서로 시대의 흐름과 더불어 점차로 그 심령과 지능의 정도가 높아져 온 각 시대의 인간들에게 주어진 것이기 때문에 그 진리를 가르쳐 주는 범위나 그것을 표현하는 정도와 방법에 있어서는 시대를 따라서 달리하지 않을 수 없는 것이다. 그러므로 우리는 이러한 성격을 띠고 있는 교과서마저 절대시해서는 아니 되는 것이다.[162]

---

161 통일사상연구원,《통일사상요강》, 307.
162 세계평화통일가정연합,《원리강론》, 10.

문선명 선생은 종교는 그 자체가 목적이 아니라 하나님의 선의 목적, 곧 참사랑과 평화의 이상세계를 이루기 위한 수단이자 방편으로의 의미를 지닌다고 강조하며 종교 간 화합에 앞장서 왔다. 사진은 1985년 시리아 지도자와 만나 회담하는 문선명 선생의 모습.

이처럼 문선명 선생은 종교를 하나의 방편이 아니라 절대적인 목적으로 이해하는 시각에 대해 회의적인 입장을 취한다. 하나님은 종교 그 자체를 위해 종교를 만든 것이 아니라는 것이다. 종교는 타락한 인간이 창조본연의 인간으로 복귀되어 가는 섭리적 과정에서 요청되는 수단일 뿐이다.

부모의 종교를 중심한 종교의 통일

인간의 영적, 정신적 각성을 촉구하여 인류를 선의 방향으로 계도하는 역할을 담당해 왔던 각 종교는 이후 메시아가 제시하는 부모의 종교로 통일된다. 이때 통일이란 상대 종교가 갖는 고유한 진리체험이나 구원의 길을 부정하거나 한 종교가 다른 종교를 일방적으로 흡수, 통일하는 전체주의적 개념으로 이해되지 않는다. 시대와 문화의 변천에 따라 인류의 정신문화를 이끌어 나온 각 종교의 진리성을 존중하면서 종교 간 화해와 일치를 통해 하나님이 바라시는 보다 큰 선을 지향해 나가는 대승적 차원의 조화를 의미한다. 마치 강을 보면 상류에는 수많은 지류支流가 있지만 내려가면 갈수록 하나의 강으로 합해져 대해大海로 흘러들어 가는 것처럼 상이한 전통을 지닌 종교들이 하나의 이상세계를 이루기 위해 자연스럽게 부모의 종교로 연합하게 된다.

> 오늘날 이 땅 위에는 수많은 종교가 있습니다. 인류가 분산되어 있기 때문에 이것을 수습하려니 자연히 각 민족에 따른 종교가 필요합니다. 각자 역사와 환경, 문화의 배경과 풍속, 습관이 다르기 때문에 이러한 여러 형태를 하나의 목적으로 수습하기 위해서는 수많은 종파가 있어야 하는 것입니다. 예를 들어 강을 보면, 상류에는 수많은 지류支流가 있습니다. 이 수많은 지류가 내려가면 내려갈수록 서로 합하여지면서 그 수가 점점 줄어들어 가지고 결국 하나의 강이 되어 대해大海에 들어 갑니다. 마찬가지로 수많은 종교도 하나의 줄기로 합해 나와 최후에는 하나님을 심중에 모시고, 하나님의 사랑을 점령하는 곳에 하나가 되어 머무르게 되는 것입니다.[163]

문선명 선생은 시대적, 문화적 차이에 따라 상이한 전통과 구원관을 가진 세계의 종교들이 통일될 수 있는 공통된 기반으로 창조주 하나님을 제시한다. 비록 종교가 생성하고 발전하는 역사적 과정에서 각 종교 전통들은 신앙체험에 있어서 현격한 차이를 지니고 있는 것이 사실이지만, 그럼에도 불구하고 종교의 본질로 들어가면 공통적으로 하나님과 연결되어 있기 때문에 그 하나님을 구

163《문선명선생말씀선집 23권》, 125.

심점으로 종교가 통일될 수 있다고 본다. 창조주 하나님을 지칭하는 용어는 종교마다 다를지라도 한 하나님에 대한 추구는 여러 종교가 갖고 있는 공통 기반이다.

여러 종교, 문화, 사상, 민족은 각각 그 가치관이 다른 것이 보통이지만, 그것들을 발생시킨 근원자는 하나밖에 없다고 한다면, 거기에는 근원자로부터 유래하는 공통성이 반드시 있게 마련이다. … 따라서 각 종교의 공통성을 발견하기 위해서는 모든 종교를 세운 근원자가 바로 하나님이라는 것을 밝히지 않으면 안 된다. 우주 만물의 근원자를 유대교에서는 야웨, 이슬람교에서는 알라, 힌두교에서는 브라만, 불교에서는 眞如, 유교에서는 天이라고 했는데 이것은 기독교에서 말하는 하나님과 모두 동일한 존재이다.[164]

종교에서 믿는 신은 이름이 여러 가지고 그 표현이 다르지만, 그 종교에서 신봉하는 중심존재는 하나의 신에 귀일되고 있다고 보는 거예요.[165]

모든 종교는 하나님을 지향하고 있고, 신의 섭리에 따라 인간을 선의 방향으로 계도하는 공통목적을 공유해 나왔다는 점에서 존중받아야 마땅하지만 그렇다고 하여 모든 종교가 동등한 가치를 지니고 있는 것은 아니다. 다시 말해 종교를 세운 근원자인 하나님의 본질적 속성과 심정에 대한 이해의 정도에 따라 각 종교가 갖는 위상도 달라진다.

문선명 선생은 세계종교들을 하나의 정상을 오르는 동일한 여러 다른 길이라는 수평적 선상에서 파악하지 않는다. 종교 가운데에

---

164 통일사상연구원, 《통일사상요강》, 307.
165 《문선명선생말씀선집 140권》, 9.

서도 참된 종교는 하나님의 속성과 뜻, 창조목적에 대해서 가장 명확하게 알려주는 종교라고 강조하면서 종교 간 위상의 차이를 이야기하고 있다. 세계 종교들은 타락인간의 내적, 영적 각성을 촉구하여 하나님을 찾아가도록 이끄는 목적을 공유하고 있지만, 하나님의 뜻을 얼마만큼 명시화하고 구체적으로 드러내느냐는 종교마다 다르다는 것이다.

제일 가는 종교의 기준을 무엇으로 결정할 것이냐? 인간이 타락하지 않은 본래의 선한 자리에서 창조주 하나님과 대상인 인간이 만날 수 있는 원칙적인 완전한 내용을 기준으로 해서 선택하지 않을 수 없다는 것이다.[166]

지금까지의 종교는 개인적으로 종이나 양자나 아들의 입장에서 가르쳐 주었지만, 이제 최후에 남아질 하나의 우주종교로 등장할 것은 부모를 중심 삼은 새로운 문화와 새로운 전통과 새로운 국가와 새로운 세계를 형성할 수 있는 새로운 종교입니다. 이것만이 하나의 우주종교가 된다는 것입니다.[167]

문선명 선생은 역사적으로 종의 종교, 양자의 종교, 아들의 종교가 있다고 밝히면서 최후에는 부모의 종교가 나와 여러 종교를 연합시키는 종교통일이 벌어질 것이라고 전망한다.[168] 이때 부모의 종교란 창조주 하나님의 참진리와 참사랑을 가장 구체적으로 알려주는 종교를 말한다. 사랑의 본체이신 하나님은 상대를 한없이 위해주고 싶은 참사랑이 동기가 되어 그 상대자로 인간을 창조하셨다.

---

166 《문선명선생말씀선집 53권》, 296.
167 《문선명선생말씀선집 53권》, 171.
168 세계평화통일가정연합, 《세계평화실현을 위한 종교연합운동》(서울: 성화출판사, 2002), 86-88.

하나님과 인간이 서로를 보다 위하는 위타적 사랑으로 하나 된 가운데 이상적인 가정과 사회, 국가, 세계를 이루어 이 땅에 영원한 평화를 정착시키고자 한 것이 신의 창조이상이다. 부모의 종교는 이러한 하나님의 창조의 동기와 이상을 명확하게 제시하면서 신인애일체神人愛一體의 이상을 이루어 모두가 평화롭게 되는 길을 제시하는 종교이다. 문선명 선생은 이러한 사명을 가지고 역사상에 등장한 종교가 바로 세계평화통일가정연합이라고 밝힌다.

부모의 종교를 중심한 문선명 선생의 종교통일론은 자칫 잘못하면 타종교의 고유한 진리체험을 부정하거나 배척하는 배타주의 내지 포괄주의로 오해될 소지가 있다. 그러나 문선명 선생이 가정연합을 부모의 종교라고 규정했다고 하여 이것이 곧 가정연합이 다른 종교보다 더 우월하다는 것을 의미하지는 않는다는 사실을 분명히 인식할 필요가 있다. 가장 완전하고 최종적인 진리는 부모의 종교이기 때문에 타종교들은 모두 부모의 종교 안으로 흡수되어야 마땅하다는 배타적 논리가 아니라 다만 가정연합이 부모의 종교로서의 사명을 지니고 있다는 것을 천명한 것이기 때문이다.

문선명 선생에 따르면 부모의 종교의 본질은 피라미드의 정점에 서서 여러 종교들을 평가하고 우열을 가리는 것이 아니라 끊임없는 희생과 참사랑을 바탕으로 종교적 갈등과 분쟁을 해소하여 참된 평화를 실현해 나가도록 기여하는 데 있다. 각 종교들이 형제자매와 같은 심정적 관계를 나누면서 진정한 화합과 조화, 평화를 도모할 수 있도록 끊임없는 희생과 헌신의 길을 가는 것이 부모의 종교가 해야 될 사명이다. 그런 점에서 볼 때 문선명 선생이 제시한 종교통일론은 비록 가정연합을 중심으로 여러 종교를 아우르는 포괄적 구조를 취하고 있다 할지라도 결코 타종교에 대한 배타적 논리가 아니라는 것을 간과해서는 안 될 것이다.

종교가 소멸된 이상사회

부모의 종교를 중심한 종교의 통일이 타종교에 대한 폭력이나 배타적 태도를 의미하지 않는다는 것은 문선명 선생이 종교가 소멸된 종교 이후의 시대를 전망하고 있다는 사실에서도 분명하게 드러난다. 종교는 잃어버린 하나님과 인간의 심정적 관계를 회복하여 평화를 이루도록 일정한 시대와 문화에 따라 타락인간을 계도해 나온 신의 섭리적 방편이기 때문에 그러한 역할과 사명을 다한 후에는 자연스럽게 소멸된다.

문선명 선생은 이 땅에 다양한 종교가 발생하게 된 원인을 인간의 타락에서 찾고 있다. 만물의 주관주가 되라고 축복하신 하나님

문선명 선생은 모든 종교가 보이지 않는 내적인 근본을 탐구하며 하나님을 추구하고 있다는 면에서 존중받아야 하지만 보다 희생적이고 다른 종교를 위해 봉사할 수 있는 부모의 종교가 출현하여 종교 간 화합을 이끌어야 한다고 말하였다. 사진은 2003년 개최된 초종교평화체육대전.

의 말씀에 순종하여 인간이 자신의 인격을 스스로 완성하였더라면 우리에게 종교적 삶은 요청되지 않는다. 개성을 완성한 인간은 종교의 가르침 없이도 우주의 근원자인 하나님과 심정적으로 일체된 가운데 신의 뜻에 따라 이 땅에 항구적인 평화를 정착시키는 참사랑의 인격을 갖추고 있기 때문이다.

그러나 하나님의 소망과 달리 인간은 위하여 존재한다는 우주의 질서를 망각하고 자기를 중심한 이기적인 사랑이 동기가 되어 타락하게 되었다. 부모이신 하나님은 타락으로 하나님을 잃어버린 인간을 구원하기 위한 방편으로 시대의 발전에 따라 각각 상이한 종교를 세워 우리의 심정을 일깨워 나온 것이다.

> 종교가 왜 필요해요? 타락했기 때문에 필요한 겁니다. 타락권을 넘어서면 다 필요 없다구요. 통일교회도 필요 없어요.[169] 그러면 종교가 어느 때까지 필요하냐 이거예요. 이 모순된 걸 청산짓고, 신과 사람이 하나되어 가지고 이상경에 도달할 때까지 필요한 것입니다. 그렇기 때문에 완전한, 완성한 신의 사람이 현현하게 될 때는 종교는 필요 없다는 것입니다.[170]

그런 관점에서 볼 때 근원자의 섭리에 따라 인류의 영성을 깨우쳐 나온 종교가 지향하는 최종적인 목표는 종교가 사라진 시대를 맞이하는 데 있다고 볼 수 있다. 하나님이 피조세계를 창조할 때 이상하셨던 목적이 실현되어 종교 자체가 필요 없는 새로운 미래를 열어나가는 것이 인류 구원의 방편인 종교가 도달해야 할 종착점이라는 것이다.

---

169 《문선명선생말씀선집 186권》, 30.
170 《문선명선생말씀선집 94권》, 280.

문선명 선생은 종교가 소멸된 미래를 전망하면서 세계의 여러 종교들이 겸허하고 열린 자세로 타종교와의 협력을 통해 창조이상인 평화세계를 향하여 손을 맞잡고 전진해 나갈 것을 촉구한다. 세계의 종교는 소모적인 교리논쟁이나 자기 종교를 중심한 편협한 경계 짓기에서 벗어나 초종교, 초교파적으로 종교가 필요 없는 이상사회를 실현하기 위해 연대할 필요가 있다. 자기 교단 자체의 발전만을 추구하는 이기주의를 넘어 모든 종교의 배후에 계신 하나님의 참뜻을 파악하고 희생적인 헌신과 사랑으로 평화를 일구는데 앞장서야 한다.

　　각 종교는 신의 참사랑으로 내적 순수성과 생명력을 소생시켜야 하고, 또한 과감한 자기 개혁과 함께 신의 참사랑의 뜻 안에서 형제 종교들과 한가족처럼 조화로운 관계를 발전시켜 나가야 합니다. 신과 그분의 참사랑의 큰 뜻에 헌신하는 것이 각 종교의 사명이라면 종단 자체만의 발전이 종교의 목적이 될 수 없습니다. 신은 경전 연구나 종교적 의식보다 신의 세계를 구원하려는 큰 뜻을 알고 그것을 생활 속에서 실천하기를 요구하십니다.[171]

　종교가 문화적 폭력의 도구가 되어 지구 상의 수많은 전쟁과 분쟁을 정당화하고 있는 오늘의 현실을 고려해 볼 때 새로운 종교적 혁명이 일어나지 않으면 안 된다. 모든 종교는 자기 종교를 초월한 보다 높은 차원에서 참사랑의 문화혁명을 주도하여 평화를 이룩하는 실천의 길로 나서야 한다. 자기 종교의 우월성만을 고집하는 배타적 태도를 버리고 자기 교단의 발전만을 꾀하는 편협성을 넘어 평화를 향한 범종교적인 화해와 일치가 이루어질 때 비로소 종교

---

171 세계평화통일가정연합, 《세계평화실현을 위한 종교연합운동》, 366.

문선명 선생은 종교가 소멸된 미래를 전망하면서 세계의 여러 종교들이 겸허하고 열린 자세로 타종교와의 협력을 통해 창조이상인 평화세계를 향하여 손을 맞잡고 전진해 나갈 것을 촉구하였다. 사진은 각 종단의 젊은 지도자들이 함께 봉사하는 모습.

가 소멸된 새로운 시대가 열릴 수 있다. 그것이 곧 인류 구원의 방편으로 세워진 종교가 자신의 사명을 온전히 완성하는 길이 될 것이다.

2

문선명 선생의
평화운동

축복을 통한 평화실현

문선명 선생은 항구적인 평화가 실현되기 위해서는 먼저 하나님의 참사랑으로 마음과 몸이 하나 된 평화인이 되어야 한다고 강조하였다. 오늘날 우리가 경험하고 있는 폭력과 갈등, 분쟁의 근본 원인은 참사랑과 평화의 주체인 하나님을 잃어버린 결과이다. 타락으로 인간은 내적인 무지에 빠지게 되어 하나님과의 심정적인 관계가 끊어지고 이로 인해 상대를 무한히 위하고자 하는 참사랑의 인격체가 되지 못하였다. 마음과 몸이 상충하는 불완전한 개인이 모여 사회를 이루고 국가를 이룸으로써 평화가 사라진 오늘의 현실을 맞이하게 된 것이다.

따라서 평화의 시작은 잃어버린 하나님을 찾고, 그 하나님의 사랑과 하나 되는 온전한 인격을 회복할 때 비로소 가능하다. 한 사

문선명 선생은 축복결혼은 상대와 상대, 국가와 국가 간의 오랜 갈등과 대립을 무력이 아닌 사랑으로 녹일 수 있는 최고의 평화적 수단이라고 밝히면서 초종교초국가축복결혼운동을 펼쳐왔다. 사진은 축복받은 부부를 위해 기도하는 문선명·한학자 총재 양위분.

람 한 사람이 하나님을 모시는 성전이 되고, 신의 참사랑을 기반으로 일상적인 삶 속에서 수평을 구현해나갈 때 참평화가 이룩될 수 있다.

　문선명 선생은 이러한 평화인을 양성하는 기초적인 터전이 바로 이상적인 가정이라고 밝힌다. 하나님의 사랑이 부모, 부부, 형제자매, 자녀의 4대 사랑으로 분성화되어 나타나는 참가정이야말로 사랑과 평화의 가치를 함양할 수 있는 가장 일차적인 터전이라는 것이다. 이에 문선명 선생은 평화의 산실이 되는 가정을 바로 세우기 위한 초종교, 초국가적 축복활동을 활발히 전개해 왔다. 선생은 국가와 인종, 문화를 초월하여 하나님의 참사랑으로 부부의 연을 맺는 국제축복결혼은 국가 간의 오랜 갈등과 대립을 무력이 아닌 사랑으로 녹일 수 있는 최고의 평화적 수단이라고 강조하면서 국제 축복결혼 운동을 전방위적으로 펼쳐왔다.

국제축복결혼

문선명 선생은 평화세계를 이루는데 국제결혼 이상의 직단거리가 없다고 밝힌다. 인종, 문화, 국가를 초월하여 하나님의 이성성상을 대표하는 남성과 여성이 참사랑으로 부부의 인연을 맺는 국제축복결혼은 국가 간의 어그러진 상처와 갈등들을 해소하는 가장 실체적인 평화의 길이라는 것이다. 원수국과 원수국의 두 남녀가 만나 이상적인 가정을 이룰 때 역사적인 갈등과 반목이 가족의 사랑 안에서 눈 녹듯이 사라지고 진정한 화해와 평화가 이루어질 수 있다. 이렇듯 초종교, 초국가적 축복결혼은 선생의 표현대로 인종, 문화, 국경, 종교의 벽을 허물고 하나님 아래 인류 한 가족을 만드는 역사적인 사건이자 가장 평화적인 수단이다.[172]

개인과 개인, 나라와 나라 간의 평화의 다리를 놓는 국제축복결혼은 1968년 2월 '430쌍 국제합동결혼식'에서 최초의 한일 국제가정이 탄생되면서부터 시작되었다.[173] 이후 1970년 '777쌍 국제축복결혼식'에서 한국·미국 국제축복가정과 미국·일본 국제 축복가정이 탄생하여 서양과 동양 간의 국제결혼이 처음으로 성사되었다. 1975년 '1800쌍 국제축복결혼식'에서는 한국과 일본 18쌍, 한국과 미국 7쌍, 일본과 미국 12쌍, 한국과 오스트리아 1쌍, 미국과 유럽 49쌍의 커플들이 국가를 초월하여 부부의 연을 맺었다.

---

172 세계평화통일가정연합, 《평화훈경》, 111-112.
173 안도 마코토, 〈국제축복가정의 역사와 의의에 관한 한 연구〉, 석사학위논문(선문대학교 신학전문대학원, 2004), 8.

1980년도부터는 한국과 일본 간의 민족적인 한과 역사적인 원수관계를 청산하기 위한 한·일, 일·한 축복이 활성화되었다. 1982년 '6,000쌍 국제축복결혼식'에서 약 200쌍의 한·일 국제축복가정이 탄생한데 이어 1988년 '6,500쌍 국제축복결혼식'에서는 2,639쌍의 한일커플이 맺어졌다. 현재 한국에는 약 9,500쌍의 한·일 축복가정과 2만여 명의 2세 자녀들이 거주하면서 양국 간의 오랜 증오와 갈등을 해소하기 위한 가교 역할을 하고 있다.

이후 국제축복결혼의 의의와 가치가 사회적으로 확산되면서 초국가, 초인종간의 축복결혼은 더욱 활성화되었다. 특히 1992년부터 '축복의 세계화'를 모토로 축복결혼의 문이 개방되면서 훨씬 많은 국제축복가정이 탄생하였다. 1992년 '3만 쌍 국제합동축복결혼식'에서는 2,160쌍, 1995년에 거행된 '36만 쌍 국제합동결혼식'에서는 6,300쌍의 신랑·신부들이 국적과 문화를 초월하여 부부가 되었다. 2000년대에 들어서는 4억 쌍 국제축복식이 연이어 개최되면서 국제축복가정의 수 또한 지속적으로 증가하고 있다.

문선명 선생은 역사적인 갈등과 대립을 빚어온 한국과 일본 간의 국제축복을 주재하시면서 축복을 받은 부부들은 앞으로 한국사람도, 일본사람도 아닌 아시아인으로 살아야 한다는 말씀을 주셨다. 또한 서양과 동양 간의 축복에 있어서는 국적을 넘어 세계인으로서의 문화적 정체성을 갖고 살아야 한다고 당부하셨다. 서로를 보다 위해주는 참사랑으로 인종과 국적의 차이를 초월하여 더불어 살아가는 평화적 삶의 전형을 가정에서부터 실현해야 한다고 강조한 것이다. 전 세계에 있는 국제축복가정들은 이러한 선생의 말씀에 따라 국경과 문화의 경계를 넘어서 평화의 산실인 이상가정을 만들고, 나아가 인류 한가족 사상을 사회 속에 구체화하는 평화의 전파자로서의 사명을 다하고 있다. 다양한 언어적, 문화적 차이에도 불구하고 하나님의 참뜻을 공유하면서 서로를 보다 위해주는 참사랑의 삶을 가정, 사회, 국가, 세계적 차원에서 이루고자 노력하고 있는 것이다.

종교지도자 교차축복결혼

문선명 선생은 국가는 물론 종교를 초월하여 하나님 아래 한 가족으로 살아가는 교차축복결혼식을 주재하셨다. 국가와 인종 간의 교차축복뿐 아니라 서로 다른 종교를 믿고 있는 신앙인들 간의 교차축복을 실시하여 신앙과 교리, 교파의 차이를 넘어 신의 참사랑으로 하나 되는 평화적인 삶의 표준을 가정에서부터 세우기 위해 부단히 노력해 나온 것이다.

문선명 선생은 하나님은 인류의 부모로서 종교와 교파를 초월하여 존재하신다고 강조하였다. "우리는 하나님이 교단주의나 교리나 파당주의를 초월해 계신다는 사실을 깨달아야 되겠습니다. 하나님의 목적은 언제나 전 인류를 구원하시는데 있어 왔고, 특정 민족이나 인종이나 종교단체만을 구원하시려는 것이 아니었으며, 이것은 지금 이 시간에도 변함이 없습니다"[174]라는 말씀처럼 하나님은 특정 종교나 교단 안에만 존재하는 편파적인 하나님이 아니다. 그럼에도 불구하고 오늘날의 종교인들은 교파중심주의의 틀에서 벗어나지 못하고, 자기 소속 교단이나 종교의 이익만을 추구하는 배타주의를 고수하고 있으며, 이러한 태도는 종교와 종교 사이의

---

[174] 《문선명선생말씀선집 133권》, 273.

심각한 갈등과 분쟁으로 이어져 세계평화를 위협하는 주요한 요인으로 작용하고 있다.

이런 종교 간의 오랜 싸움과 적대행위를 종식시키기 위한 평화적 수단 중 하나가 바로 종교인 간의 교차축복결혼이다. 상이한 종교를 가진 두 남녀가 신의 참사랑으로 만나 가정을 이룰 경우 상대 종교에 대한 깊은 이해를 바탕으로 타종교를 포용할 수 있는 열린 마음을 가질 수 있게 된다. 또한 그 가정의 자녀 역시 부모의 상이한 종교 전통들을 어릴 때부터 받아들이고 존중하면서 종교 간의 화해를 지향하는 평화인으로 자라나게 된다.

이렇듯 종교평화의 산실이 되는 종교지도자 축복결혼식은 2001년 5월 27일 미국 뉴욕에서 세계 각 종교 및 종파를 대표한 60명의 초종파 성직자들이 교차축복결혼식에 참여함으로써 시작되었다. 가톨릭 대주교를 비롯하여 그리스도교, 불교, 유대교, 이슬람교, 힌두교의 신부, 목사, 승려 등 성직자 대표들은 문선명 선생의 집전으로 처음 혼례를 올리거나 이미 결혼한 상태에서 다시 성혼의식을 가졌다. 이 때 로마 교황청에서 대주교로 봉직했던 밀링고 대주교와 미 흑인 가톨릭총회의 아우구스 스탈링 대주교, 개혁 로마가톨릭교회의 칼 로디그 대주교가 교리적 차이를 초월하여 첫 혼례를 올려 종교계의 큰 반향을 일으켰다.[175]

2002년 4월 27일에는 14만 4천 쌍 초종교초국가 성직자 축복결혼식이 미국 워싱턴에서 개최되었다. 이 행사에서 미국의 성직자와 16명의 일본 여성이 축복을 받았다. 2002년 7월에는 세계 주요 종

175 설훈석, 〈통일교 국제축복결혼의 세계평화 구현의 역할에 대한 고찰〉 석사학위논문 (청심신학대학원대학교, 2005), 78.

종교평화의 산실이 되는 종교지도자 축복결혼식은 2001년 5월 27일 미국 뉴욕에서 세계 각 종교 및 종파를 대표한 60명의 초종파 성직자들이 문선명 선생에 의해 축복결혼을 받음으로써 시작되었다. 사진은 2002년 거행된 초종교축복결혼식 후 기념사진.

교지도자들과 이들의 2세들이 문선명 선생이 집전한 축복결혼식에 참여하였다. 이날 축복결혼식에는 그리스도교, 불교, 힌두교 등 세계 주요 종교 대표들과 차세대 종교 지도자 부부들이 대거 참석하였고, 인터넷을 통해 전 세계 185개국 180만 명의 성직자와 그의 자녀들이 축복의식에 동참하였다.[176] 종교를 초월하여 전 세계의 많은 성직자들이 하나님 아래 한 가족으로 더불어 살아갈 것을 다짐하는 교차축복결혼에 참여함으로써 평화실현을 위한 종교 간 화합과 일치의 새 시대를 열어 가는 데 앞장서고 있다.

문선명 선생은 축복결혼식에 참여한 각 종교의 지도자들에게 가정연합의 신앙으로 개종할 필요가 없다고 강조하였다. 타종교 안

---

176 세계평화통일가정연합, 〈워싱턴 초종교초국가축복식〉, 《축복과 참가정》 100호 (2002), 1.

에도 하나님의 참진리가 살아 숨 쉬고 있기 때문에 개종하지 않고 각자의 종교에 충실하면서 평화세계를 위해 더욱 긴밀히 협력할 것을 당부하였다. 각 종교가 평화실현의 도구로써 신의 뜻에 따라 인류의 정신문화를 부흥시키고 이상적인 개인과 가정, 사회, 세계를 앞장서 이루어 나가는 선구자의 역할을 다 하느냐가 문제이지 어떤 종교 내지 교파에 소속되어 있는지는 전혀 중요하지 않다고 강조하였다. 이렇듯 상이한 종교적 배경을 가진 두 남녀가 부부가 되어 참가정을 이루어 나가는 종교지도자 교차축복결혼은 종교 간의 진정한 화해와 일치를 가능하게 함으로써 인류 평화를 실현하는데 큰 기여를 하고 있다.

종교를 통한 평화실현

문선명 선생은 종교 간의 통일과 화합이 세계평화를 위한 필수적인 조건이라고 밝힌다. 하나님은 인류의 역사와 함께하시면서 각 시대와 문화에 맞는 종교를 세워 인류의 영성을 깨우쳐 평화의 길로 인도해 나오셨다. 이렇듯 종교는 하나님과 인간이 참사랑으로 하나 되고, 그 사랑을 기반으로 평화를 구현해 나가도록 인도하는 사명을 담당하고 있다.

이에 문선명 선생은 일생에 거쳐 세계평화를 위한 종교의 역할을 역설하면서, 여러 종교들이 교파 간의 담을 허물고 타종교를 이해하고 존중하는 가운데 하나 되어 평화를 실현하는데 앞장설 것을 당부해 왔다. 뿐만 아니라 1960년대부터 종교 간의 화해와 일치를 이루기 위한 초종교, 초교파적인 활동을 몸소 실천하였다. 본인이 세계평화가정연합의 창시자임에도 불구하고 일개 교단의 발전을 넘어 범종교적으로 평화세계 실현을 위한 종교연합 및 일치운동을 적극적으로 펼쳐온 것이다. 이러한 문선명 선생의 종교평화운동을 간략히 소개하면 다음과 같다.

초교파기독교운동

문선명 선생은 1960년대 중반부터 종교 간 일치와 화합을 위한 초교파운동을 지속적으로 전개하였다. 당시의 한국교회는 수 십 개의 교파로 분열되었고, 교파 간의 갈등과 반목이 심화되어 보수와 진보 사이의 분열이 본격화되었다.[177] 선생은 이러한 한국교회의 현실을 극복하고자 교파를 초월하여 교회의 개혁과 일치라는 신성한 사명을 수행할 목적으로 1966년 11월 7일 '기독교초교파운동본부'를 창립하였다. 이후 기독교초교파운동본부는 1974년 '초교파기독교협회'로 명칭을 변경하였다.

초교파기독교협회는 신자들 상호 간의 긴밀한 교제를 바탕으로 교회의 일치를 도모하고, 기독교 본연의 기강과 신앙회복을 목적으로 설립되었다. 문선명 선생은 기독교 신도들이 그리스도의 정신으로 결합하고 나아가 예수가 보여준 참된 사랑을 온 세계에 전파하여 하나님의 참평화를 실현하는데 앞장서야 된다고 역설하면서 초교파 활동을 위한 지원을 아끼지 않았다.

초교파기독교협회는 선생의 이러한 뜻에 따라 분열된 각 교파 간의 일치를 위한 교파 교리 공청회, 기독교사상 강좌, 개신교와

---

177 김항제, 〈신종교의 종교연합운동〉, 《신종교연구》 제6집(2002), 194.

통일교와의 대화모임, 평신도지도자 원리세미나 등을 활발히 전개하였다. 또한 모든 성도들이 초교파활동에 관심을 갖고 적극 참여할 수 있도록 초교파 강좌를 지속적으로 개최하였다. 1978년에는 초교파국제회의를 서울에서 개최하고, 이를 발판으로 아시아초교파협회를 조직하여 교회일치운동을 아시아에까지 확대하는 성과를 거두기도 하였다.[178]

이후 1981년 3월 28일 국제크리스천교수협의회ICPA와 1981년 11월 14일 국제기독학생연합회ICSA가 창립되어 초교파기독교운동이 더욱 활성화되었다. 이러한 운동은 당시 심각한 갈등과 반목을 겪고 있던 한국 기독교 교파 간의 화해와 일치를 도모하는데 큰 기여를 한 것으로 평가받고 있다.

한국종교연합운동

1965년 10월 18일 불교, 원불교, 천도교, 가톨릭, 개신교 종교인들이 한자리에 모여 종교 간 평화와 일치를 위한 '한국종교연구회'를 조직하였다. 이후 여러 논의를 거쳐 한국종교연구회는 1988년 '한국종교협의회'로 개칭되었다. 세계평화통일가정연합은 1970년 4월에 한국종교협의회에 가입하게 되었는데, 이는 가정연합에 대한 한국 교계의 명분 없는 반대에도 불구하고 초교파기독교운동을 활발히 전개해 온 결과였다.

문선명 선생은 한국종교협의회의 활동을 적극적으로 지지하면서 사무국과 종교회관을 마련하는 등 경제적 지원을 아끼지 않았

---

178 이재석, 《종교연합운동사》(서울: 선학사, 2004), 397.

다.[179] 다종교사회인 한국에 평화가 실현되기 위해서는 무엇보다 종교 간의 친목과 화해가 중요하다고 강조하면서 한국종교협의회가 종교인들의 이해 증진과 친교를 위한 화합의 장이 되어 달라고 당부하였다.

한국종교협의회는 타종교에 대한 오해와 편견이 종교 갈등과 분쟁의 근본원인이라고 규정하면서, 이를 극복하기 위한 종교 간 대화모임을 활성화하는데 많은 노력을 기울였다. 절대 신념체계인 종교는 타종교의 고유한 가치와 신앙을 상대화하는 배타적인 경향을 지니고 있다. 그 때문에 자기가 신봉하는 종교 이외의 다른 종교의 교리나 진리체험, 신앙에 대해 잘 모르는 것이 사실이다. 이러한 편협성을 넘어서지 않고는 종교 간의 진정한 일치나 화합은 불가능하다. 이에 한국종교협의회는 각 종교들이 평화세계를 향한 새로운 비전을 모색하면서 서로 소통할 수 있도록 다양한 종교 간 대화와 세미나, 협력모임을 적극 추진하였다.

또한 한국 종교계의 일치와 연합을 위해서는 체계적이고 전문적인 학술연구와 교육이 필요하다고 보고, 창립 초기부터 종교 관련 토론회 및 세미나, 강연회 등을 지속적으로 개최하였다. 2002년에는 종교연합운동의 경험과 지혜를 모아 종단이 공유하고 있는 윤리관을 만인이 공감하고 실천할 수 있도록 하기 위해 '새천년 종교인 윤리헌장'을 제창하였으며, 범종교신문인 '주간종교'를 발행하여 종교 간의 상호교류와 이해증진을 도모하는 데도 앞장서 왔다.

---

179 김항제, 〈신종교의 종교연합운동〉, 196.

세계종교협의회CWR(Council for the World's Religions)

평화세계 실현을 위한 문선명 선생의 종교일치 노력은 국내를 넘어 전 세계적으로도 진행되었다. 1984년 12월 세계 종교의 협력과 화합을 위한 세계종교협의회가 조직된 것이다. 세계종교협의회는 종교 상호 간 혹은 종단 안에 내재한 증오와 갈등의 문제가 해결되지 않고서는 진정한 평화가 이룩될 수 없다고 보고 종교인들 간의 상호 협력과 화해를 목적으로 창설되었다.

세계종교협의회는 인류 한가족 사상을 바탕으로 인류의 정신적 유산 속에 녹아 있는 풍부한 다양성을 발견하고 여러 종교의 고유한 신앙적 전통을 존중하며, 종교인들을 하나로 규합해 나가는 것을 주요한 설립 목적으로 규정하고 있다. 이러한 창립 취지를 구현하기 위해 종교 상호 간, 각 교파 간의 화해를 위한 불교 일치회의, 힌두교 일치회의, 유대교 일치회의, 이슬람교 일치회의, 그리스도교 일치회의를 지속적으로 개최하여 종교간 화해를 이루기 위해 노력하였다. 나아가 종파 간의 화합을 위한 대화모임과 국제회의를 여러 차례 개최하여 종교계 지도층으로부터 큰 호응을 얻기도 하였다.

세계종교의회AWR(The Assembly of World's Religion)

세계종교협의회에 참여하여 활발히 활동하던 종교인들은 종교 간의 만남을 더욱 적극적으로 추진하기 위하여 종교의회 모임을 제안하였다. 이에 1985년 11월 85개국 600여 명의 종교 지도자들이 참석한 가운데 미국에서 미래 사회를 위한 종교인들 간의 모임인 세계종교의회가 조직되었다.

문선명 선생은 1983년 4월 25일 세계종교의 화해와 평화운동을 위해 국제종교재단IRF(International Religious Foundation)을 창립하여 여러 종교인들과 교류하였다. 사진은 1985년 세계종교의회 창설대회에서 기조강연을 하는 문선명 선생의 모습.

　문선명 선생은 의회 창설 기조연설에서 첫째, 여러 종교의 전통이 서로 존중되며 상호 조화 속에 종교 간의 갈등과 전쟁을 막는 데 기여하고 둘째, 종교의회의 결의를 통한 범종교 간의 협력체제와 하나님을 중심한 가치관을 확립하며, 셋째, 실질적인 종단대표자들의 참석으로 명실상부한 종교의회로 발전시켜 나갈 것을 당부하였다. 이에 따라 세계종교의회는 기도와 자기성찰, 대화 프로그램 등을 운영하며 사랑, 자비, 평화 등 종교의 본질적 가르침에 기반한 인류의 정신적 각성과 영성 회복을 위해 많은 노력을 기울였다.[180] 또한 세계종교의회는 종교 간 대화와 협력을 위한 국제 회의를 개최하였고, 세계 자원의 공평한 분배, 지구 환경보호, 전쟁방지 등 평화실현을 위한 글로벌 이슈에도 적극적으로 관심하며 이를

---

180 이재석, 《종교연합운동사》, 572.

해결하기 위한 다양한 국제 활동을 전개하여 평화증진에도 이바지하였다.

세계종교청년세미나YSWR(Youth Seminar on World Religious)

1982년부터 30개국 세계 8대 종교의 청년대표들이 세계 5대 종교의 성지를 함께 순례하며 타종교에 대한 이해를 도모해 나가는 세계종교청년세미나가 실시되었다.[181]

미래의 종교를 이끌어나갈 청년지도자들이 타종교에 대한 깊은 이해를 바탕으로 상호 존중의 문화를 조성해 나가는 데 앞장서는 것은 종교 평화의 시대를 맞이하기 위해 실로 중요한 일이 아닐 수 없다. 문선명 선생은 21세기 밝은 미래를 위해서도, 종교 전쟁을 방지하기 위해서도 내일의 지도자들이 함께 소통하면서 신의 창조이상인 평화세계를 이루기 위해 협력해 나가야 한다고 강조하였다.

세계종교청년세미나에 참석한 청년지도자들은 성지순례를 통해 각 종교의 전통과 의식, 교리를 배우면서 서로를 깊이 있게 이해하게 되었고, 모든 종교에 공통적으로 내재해 있는 하나님의 참뜻을 실현하기 위해 상호 협력하고 교류할 것을 다짐하였다. 또한 갈등과 위기 속에 처한 종교의 실상을 목격하고, 종교 간의 반목과 분쟁을 극복할 수 있는 방안을 함께 고민해 나갈 것을 결의하였다. 이처럼 세계종교청년세미나는 미래의 젊은이들이 타종교를 우상숭배나 미신으로 배타시하는 편협한 태도를 버리도록 이끄는 한편, 각 종교의 진리경험을 존중하고 이해하는 체험의 장을 마련함

---

181 이재석,《종교연합운동사》, 591-592.

으로써 종교 간 화합에 크게 기여하였다.

1985년에는 세계종교청년세미나에 참석한 젊은 지도자들이 주축이 되어 각 종단의 성지를 함께 순례하면서 타종교를 이해하고 평화를 위해 서로 협력, 봉사할 것을 목적으로 '세계종교청년봉사단RYS'이 결성되었다. 세계종교청년봉사단은 종교와 신앙을 초월하여 소외된 이웃을 향한 봉사와 나눔을 실천함으로써 인류한가족사회를 구현해 나가는데 기여하고 있다.

세계경전World Scripture

세계의 여러 종교는 시대와 문화에 따라 서로 상이한 전통과 진리경험을 갖고 있음에도 불구하고, 인류의 정신을 선의 방향으로 계도하는 공통된 섭리적 목적성을 공유해 왔다. 이에 문선명 선생은 여러 종교가 차별성보다는 공통점이 많다고 천명하면서 각 종교들의 가르침 속에 녹아 있는 공통된 이상과 교리들을 발견할 때 진정한 종교 간 화합이 가능하다고 강조하였다.

이러한 선생의 말씀에 따라 각 종교의 경전에 공통적으로 담겨 있는 가르침을 주제별로 엮어 집대성한 세계경전이 출판되었다. 1991년 8월 15일 영문판이 먼저 출간되었으며 1994년 5월 한글판이 출간되고 이어 일본어판이 발간되었다.[182]

문선명 선생은 "세계종단장의 합의와 본인의 지시에 따라 이번에 출판한 세계경전은 세계 종교들의 보편적인 가치적 내용이 집대성된 성스러운 경전으로 인류의 심령을 밝혀 줄 최고의 빛이 될

---

182 세계평화통일가정연합, 《참부모경》(서울: 성화출판사, 2015), 1283.

문선명과 다종교사회 · 213

것입니다"[183] 라고 강조하였다. 세계경전은 인류의 영성을 회복하는 교과서일 뿐만 아니라 종교 간의 화합을 이루는 안내서로서 큰 의미를 지닌다. 세계경전 속에 담겨 있는 여러 종교들의 공통된 가치와 가르침을 발견할 때 우리는 서로의 종교 전통들을 존중하면서 진정한 일치와 연대를 도모해 나갈 수 있다.

세계평화종교연합
IRFWP(The Interreligious Federation for World Peace)

문선명 선생은 1990년 8월 15일부터 21일까지 미국에서 열린 제2차 세계종교의회에서 세계의 종교들이 종파주의의 벽을 허물고 평화를 위해 전적으로 헌신해 나가는데 중심적인 역할을 할 기구로 세계평화종교연합의 창설을 제창하였다. 이에 1991년 8월 27일 한국에서 세계 24개국 120여 명의 종교 지도자들이 모인 가운데 세계평화종교연합이 창립되었다. 다음날인 8월 28일에는 51개국에서 온 전·현직 대통령과 총리 등이 참석한 가운데 세계평화연합이 창설되었다. 평화세계 실현을 위해서는 종교와 정치가 상호 협력해야 한다는 문선명 선생의 사상이 세계평화종교연합과 세계평화연합으로 구체화된 것이다. 문선명 선생은 창설 기조연설에서 "세계평화를 위한 마음적이요, 주체적인 기구가 세계평화종교연합이고, 세계평화연합은 몸적이요 대상적인 기구"라고 밝히면서, 이 "양대 기구가 내외, 주체와 대상적인 상호 보완과 협력의 관계 속에서 천의에 따라 참사랑을 실천할 때 세계평화가 실현된다"고 강조하였다.

---

183 세계평화통일가정연합,《세계평화실현을 위한 종교연합운동》, 199.

또한 세계의 여러 종교들이 서로 협력하여 인류의 정신적 가치를 일깨우고, 이들을 하나님이 원하시는 선의 방향으로 인도하는 본연의 사명을 다할 것을 촉구하였다. 세계평화종교연합은 이러한 문선명 선생의 가르침에 따라 평화선언, 세계적인 협력, 초종교적 대화, 교육연구 및 출판, 초종교적 봉사활동 등 다양한 사업을 추진하면서 평화실현을 위해 많은 노력을 기울이고 있다.

세계평화초종교초국가연합
IIFWP(Interreligious&International Federation for World Peace)

1999년 2월 세계평화를 실현하기 위해 각국 지도자들이 참여하는 비정부기구로 세계평화초종교초국가연합이 서울에서 8백여 명이 참석한 가운데 조직되었다. 세계평화초종교초국가연합은 개인, 가정, 사회, 국가, 국제기구 등을 정신적, 도덕적으로 변화시킬 뿐만 아니라 세계 각지의 갈등을 해소하고 분쟁 당사자들을 조화와 협력의 장으로 이끌어낼 목적으로 설립되었다.

문선명 선생은 평화가 실현되기 위해서는 종교와 정치가 서로 단합된 노력과 협력을 펼쳐야 한다고 강조하였다. 선생은 창설 기조연설에서 "몸과 외적인 세계를 대표하는 정치인이나 외교가들의 경륜과 실천만이 아니라 마음과 내적인 세계를 대표하는 세계 종교지도자들의 지혜와 노력이 합해져야 평화세계가 완전히 이룩될 수 있습니다. 그런 점에서 유엔을 재구성하는 문제까지 심각히 고려해야 될 때입니다. 아마 양원제의 형태를 갖춘 유엔을 상상할 수도 있을 겁니다"[184] 라고 밝혔다.

---

184 세계평화통일가정연합,《세계평화실현을 위한 종교연합운동》, 391.

문선명 선생은 오늘날의 인류가 겪고 있는 폭력과 갈등을 근본적으로 해결하기 위해서는 정치인들뿐 아니라 인류의 정신을 선의 방향으로 계도해 온 종교인들이 적극적으로 현실문제에 참여해야 한다고 강조하였다. 즉 높은 영적 지혜, 통찰력, 경험과 지식을 갖춘 종교 지도자들이 유엔의 대표가 되어 정치, 사회, 문화적인 차원에서 평화를 실현해 나가는데 주도적인 역할을 다해야 한다고 역설하였다. 이러한 취지에 따라 세계초종교초국가연합은 종교 지도자와 정치 지도자들이 한마음이 되어 평화실현을 위해 공동으로 참여하는 협의체제의 구축을 제안하며, 민간 주도의 다양한 평화운동을 전개하고 있다.

중동평화와 이스라엘 평화대행진Israel Peace March

문선명 선생은 중동평화가 세계평화의 열쇠가 된다는 것을 일찍이 강조하면서 1990년 12월 시리아의 이슬람교 지도자 40여 명을 초청하여 40일 수련을 개최하였다. 선생은 이들에게 선생의 평화사상을 설명하면서 유대교와 그리스도교, 이슬람교 간의 오랜 앙금을 풀고 중동지역 평화를 위해 앞장서 줄 것을 당부하였다.[185]

이러한 선생의 노력은 9·11사태 이후 고조된 중동 위기를 극복하고 평화를 조성하는 데 크게 기여하였다. 선생의 평화사상을 따르는 유대교, 그리스도교, 이슬람교, 시크교, 힌두교 등 관련 종단의 지도자들이 평화를 위한 대화를 할 수 있도록 열린 장을 만든 것이다. 2003년 9월부터 2004년 5월까지 7차에 걸쳐 유대교, 그리스도교, 이슬람교, 시크교, 힌두교 등 각 종단 대표자들이 문선명 선생

---

185 세계평화통일가정연합, 《참부모경》, 1290-1291.

문선명 선생은 중동평화를 위해 1990년 시리아에서 이슬람지도자 40여 명을 초청하여 40일 동안 세미나를 진행하였다. 사진은 이슬람 지도자 대표단과 토론하는 문선명 선생.

의 뜻을 따라 이스라엘에서 '이스라엘 평화대행진'을 개최하였다. 예루살렘 성지를 둘러싸고 오랜 갈등 관계에 있는 유대교, 이슬람교, 그리스도교 성직자들이 평화대행진에 참석, 9·11사태 이후 더욱 악화된 원한의 고리를 끊는 계기가 되었다. 이스라엘 평화대행진에 참석한 종단 대표자들은 중동에 평화가 찾아오기를 희망하며 '하트투하트Heart to Heart'를 외치기도 했다. 종단을 초월하여 가슴과 가슴으로 대화하고 소통하자는 종교지도자들의 외침은 중동의 긴장을 완화하는 데 기여하였다.

2003년 10월에는 유엔본부 앞에서 미국성직자협회를 중심으로 유대교, 그리스도교, 이슬람교, 시크교, 힌두교의 종단 대표를 비롯해 1만 8천여 명이 참석, '초종교평화대행진'을 펼치기도 하였다.

9·11 테러 이후 중동의 긴장이 고조되자 유대교, 그리스도교, 이슬람교 등 각 종단 대표자들이 이스라엘의 예루살렘을 행진하며 서로 소통할 수 있도록 2003년부터 7차에 걸쳐 평화대행진을 개최하였다. 사진은 2003년 이스라엘 통곡의 벽 앞에서 "Heart to Heart"를 외치는 참가자들의 모습.

평준화운동을 통한 평화실현

문선명 선생에 따르면 평화는 절대자의 참사랑을 토대로 삶의 다양한 층위 속에서 만나게 되는 두 존재들이 수평을 이루어 조화롭게 살 때 실현된다. 이 때 타인과 화和를 이루기 위해서는 무엇보다 평평한 수평적 관계를 맺는 것이 중요하다. 이는 곧 상대자에 대한 착취와 억압의 폭력적 관계에서는 진정한 평화가 수립될 수 없다는 말과 일맥상통한다. 아무리 목적이 선하다 하더라고 생활이나 경제, 문화, 기술에 있어서 큰 격차와 차이가 존재한다면 더불어 살아가는 참평화가 수립되기 힘든 법이다.

문선명 선생은 한쪽에는 모자라고 한쪽에는 넘치는 것이 아니라 보다 가치 있는 삶을 위한 수단들이 인종, 성별, 종교, 국가의 차이를 넘어 평평하게 배분되는 상태를 평화로 보고 일생동안 수평적인 세계를 만들기 위한 노력을 경주해 왔다. 하나님의 참사랑에 기반 한 교육, 문화, 생활, 경제, 기술의 평준화를 위한 활발한 운동을 전개해온 것이다. 이러한 선생의 평준화 운동을 간략히 소개하면 다음과 같다.

식량 평준화

문선명 선생은 선진국과 개도국 간의 극심한 생활 수준의 차이를 극복하기 위한 식량 평준화 운동을 전개하였다. 선진국은 기술산업과 자본주의의 놀라운 발달로 풍족하고 윤택한 생활을 누리는 반면 아프리카와 같은 개도국에서는 생존을 위한 기본적인 식량이나 약품조차 구할 수 없어 많은 사람들이 고통을 겪고 있다. 이에 선생은 평준화된 세상을 이루기 위해서는 무엇보다 기아문제가 시급히 해결되어야 한다고 보았다. 평화가 실현되기 위해서는 적어도 굶어 죽는 사람이 없어야 한다는 신념을 토대로 밥이 곧 사랑이라는 전제 아래 전 세계의 기아퇴치를 통한 식량 평준화 운동을 전개하였다.

문선명 선생은 세계적인 굶주림과 기아를 해결하기 위한 해답을 바다에서 찾고, 바다의 자원을 개발하여 미래식량을 확보해야 한다고 강조했다. "식량문제는 앞으로 인류에게 매우 심각한 위기를 안겨줄 것입니다. 왜냐하면 제한된 육지에서 생산되는 것만으로는 지구 상의 인류를 먹여 살릴 수 없기 때문입니다. 그래서 바다에서 해결책을 찾아야 합니다. 바다는 미래의 식량문제를 해결할 수 있는 열쇠입니다. 내가 수십 년 전부터 끊임없이 바다를 개척한 이유도 여기에 있습니다. 식량문제를 해결하지 않고는 이상적인 평화세계를 건설할 수 없습니다"[186] 라는 말씀처럼 육지 개발을 통한 식량 확보의 한계를 일찍이 예견하고, 1970년대부터 알래스카 코디악에서 활발한 해양산업을 전개하면서 세계 식량난 해결을 위한 어족 자원 개발에 앞장서 왔다.

이러한 노력의 결과로 1998년 기아를 해결하기 위한 대체식량으로 피시파우더fishpowder를 개발하여 르완다, 알바니아, 크로아티아, 수단, 소말리아 등 세계 최빈국에 공급하는 성과를 거뒀다. 피시파우더는 명태를 가공하여 만든 고단백, 고칼로리의 식품으로 수송이 간편할 뿐만 아니라 변질 가능성이 적고, 영양 면에서도 우수하여 기아문제 해결수단으로 각광받고 있다. 또한 문선명 선생은 알래스카 외에도 우루과이 몬테비데오, 브라질 등 세계 곳곳에 대체식량 제조시설을 설립하고, 개발된 식량을 아프리카 저개발 국가에 보급함으로써 지구촌 기아 문제 해결을 통한 식량평준화에 기여해 왔다.

기술평준화

문선명 선생은 가난과 저성장의 늪에 빠진 개도국의 지속가능한 발전을 위해서는 기본적인 식량을 제공하는 것도 중요하지만 식량을 직접 생산할 수 있는 전문 '기술'을 가르치는 것이 시급하다고 보았다. 물고기를 잡아주는 것보다 물고기 잡는 법을 알려주는 것

---

186 문선명, 《평화를 사랑한 세계인으로》, 350.

이 식량과 생활 수준의 평준화를 구현할 수 있는 핵심기반이 된다는 것을 간파한 것이다.

이에 선생은 1980년대부터 선진국의 우수한 기술을 가난한 나라에 조건 없이 이전해 주는 기술 평준화를 주장하였다. 지금까지 선진국이 발전된 과학기술을 토대로 약소민족을 착취해왔던 역사를 반성하고 선진국의 과학기술을 후진국에 이전해야 한다고 역설하면서, 자국의 경제적 이익만을 추구하는 이기주의를 넘어 기술의 나눔을 통해 전 세계가 평화실현에 앞장설 것을 촉구하였다.

전문 기술을 가지고 있지 않은 후진국들은 낙후된 환경 속에서 단순 노동과 자원에 의존할 수밖에 없다. 이는 결국 경제적, 정치적 불균형을 가져와 선진국에 의한 개도국의 착취 구조를 고착화시키는 원인이 되고 있다. 이에 문선명 선생은 전 세계의 상호발전을 위해 우수한 기술을 가진 선진국들이 개도국에게 무상으로 기술을 이전함으로써 강대국과 약소국의 경제적 격차를 좁혀 나갈 것을 강조하였다.

문선명 선생은 다양한 사업체를 설립하여 우수한 기술을 개발하고, 그 기술을 낙후된 다른 나라에 이전하는 기술 평준화 활동을 몸소 실천해 왔다. 먼저 선생은 평준화를 실현하기 위한 경제적 기반을 다지기 위해 1959년 '통일중공업'을 설립하였다. 1959년 '예화산탄공기총제작소'로 출발한 통일중공업은 끊임없는 연구와 기술개발을 통해 한국 경제성장의 발판을 닦는 중요한 역할을 하였다. 통일중공업의 성공 이후 선생은 선진국의 우수한 기술을 전수받기 위한 목적으로 1978년 과학 기술의 최강국인 독일의 뒤셀도르프 지역에 '유럽경제기술정보센터'를 설립하여 본격적인 기술개

문선명 선생은 평평한 세계를 만들기 위해서는 무엇보다 과학기술의 평준화가 중요하다고 보고, 기술의 나눔을 세계적으로 실천해 왔다. 사진은 독일에 세운 혼스백 공장(상)과 하일겐슈테드 공장(하)의 전경.

발에 돌입했다. 1981년부터는 반도르사, 하일겐슈테드, 혼스백사, 부르세사 등의 독일기업을 인수하여 선진국의 우수한 기술을 전수받는데 박차를 가하였다. 이후 독일의 신기술을 일본의 전자과학기술연구소인 '와콤'으로 이전하여 일본의 기술개발에도 큰 기여를 하였다.[187]

문선명 선생은 독일의 선진화된 화학공업 기술을 한국에 이전하기 위하여 한국티타늄공업을 설립하였다. 아울러 기술문제는 시간이 지나면 평준화될 것이지만 향후에는 소재 개발이 더욱 중요해질 것이라고 판단하고 1986년 한국티타늄공업 산하에 연구소를 설립하여 내구성이 뛰어나면서도 가격 절감 효과가 큰 세라믹 개발

187 이준석, 〈통일교 경제활동의 특성에 대한 연구〉, 석사학위논문(선문대학교 신학전문대학원, 2010), 58.

에 박차를 가하였다.[188] 나아가 통일중공업과 한국티타늄공업을 중심으로 기술자를 대규모로 채용하여 독일로부터 어렵게 얻은 기술을 한국의 기술자들에게 전수해 주었다. 또한 아프리카의 자이르 국가 등 빈민국의 기술자들을 한국으로 초청하여 독일의 선진 기술을 아낌없이 가르쳐 주기도 하였다.

이러한 기반 아래 선생은 중국에 판다 자동차 공업도시 조성을 위한 투자허가를 받아내는 성과를 이루기도 하였다. 선생은 세계 인구의 4분의 1을 차지하고 있는 중국을 무시하고서는 아무도 세계평화를 운운할 수 없다고 강조하면서 중국의 기술개발을 위해 엄청난 돈을 아낌없이 투자하였다. 선생의 중국투자는 일개 교단의 경제적 이득을 위한 차원이 아니었다. 문선명 선생은 중국에서 나오는 수익을 중국에 재투자하고, 독일과 일본에서 축적해온 기계, 전자 부문의 첨단 기술을 중국에 이전하여 중국의 경제개발을 지원함으로써 세계적 차원에서 기술 평준화를 구현하려고 하였다.

기술 평준화를 위한 선생의 평화적 노력은 1991년 김일성 주석 면담 이후 1998년 1월 북한 평양에 '평화자동차총회사'를 설립한 것으로 이어졌다. 북한주민들의 인권 및 생활 수준의 개선을 위해 자동차 생산을 위한 전문 기술을 북한에 조건 없이 이전해 주기로 한 것이다. 문선명 선생은 통일그룹의 '자동차산업'이 사회주의 체제인 북한 시장에 많은 변화를 가져오고, 나아가 남북한 평화관계 구축에도 기여할 것이라 보았다. 실제로 평화자동차는 사업영역이 중공업 분야라는 특수성과 생산된 제품을 북한의 내수시장을 상대로 판매하고 있다는 점에서 남북경협의 새로운 영역을 개척하여

---

188 이준석, 〈통일교 경제활동의 특성에 대한 연구〉, 59.

평화적 남북관계 개선에 기여한 것으로 평가받고 있다.

이렇듯 문선명 선생은 평평한 세계를 만들기 위해서는 무엇보다 과학기술의 평준화가 중요하다고 보고, 기술의 나눔을 세계적으로 실천해 왔다. 막대한 자금을 투자하여 선진국의 우수한 기술을 연구하고, 연구개발된 기술을 가난한 나라에 무상으로 이전해주는 활동을 통해 하나님의 자녀인 모든 인류가 윤택하게 살아갈 수 있는 상생적 경제체제를 구축하는 데 크게 기여하였다.

3

다종교사회와 평화

다종교사회와 유일신 종교

지난해 11월 프란체스코 교황은 터키 방문 중 이슬람 사원을 방문하여 이슬람 예법을 따라 신발을 벗고 메카를 가리키는 이슬람 사원의 성소 앞에서 고개를 숙이고 눈을 감았다. 가톨릭의 최고 지도자로서 다른 종교에 대한 존중의 예의를 표시한 것이다. 그러나 종교화합을 위한 이러한 노력에도 불구하고 채 1년이 되지 않아 파리에서 테러리스트들에 의해 130명이 숨지는 최악의 테러가 발생하였다. 이후 IS는 미국은 물론 교황청까지 테러 대상임을 경고해 세계를 공포에 빠트렸다. IS는 극단적인 근본주의를 배경으로 하고 있음에도 불구하고 파리 테러 이후 세계적으로 이슬람 혐오 또는 종교 혐오 현상이 심화되고 있다.

IS가 전 세계를 대상으로 테러를 자행하는 것처럼 과학기술의 발달로 세계는 시공간을 초월하여 하나의 세계를 이루게 되었다. 국경과 인종, 종교의 경계를 넘어 다양한 문화와 종교가 공존하는 하나의 사회가 된 것이다. 그러나 외형적으로 이루어진 다종교사회가 종교적 긴장과 갈등을 넘어 진정으로 다양한 종교가 공존하고 화합할 수 있는 실질적인 다종교사회가 되기 위해서는 아직 많은 과제가 남아 있다.

사실 과거 전통적인 사회구조 속에서는 둘 이상의 종교가 상호 존재를 인정하면서 공존하는 것이 불가능했다. 특히 유럽과 중동을 중심한 서구 사회에서 유대교와 그리스도교, 이슬람교 등 유일신 종교는 배타성으로 인해 다른 종교와 공존하지 못하며 끊임없이 반목해왔다. 동아시아의 경우 유교, 불교, 도교가 공존하기는 하였으나 한 종교가 지배적인 영향력을 행사하면서 다른 종교의 존재는 유명무실한 경우가 많았다.

이에 대해 보우마G. D. Bouma와 링R. Ling은 과거 전통사회에서 종교는 사회적 질서를 유지하고 사회 구성원을 통합시키는 역할을 하였다고 분석했다.[189] 뒤르켐E.Durkheim 또한 전통사회에서 종교적 다양성은 사회적 응집력을 손상시키고 종교의 사회적 통합력을 감소시키는 결과를 가져온다고 보았다.[190] 즉 다양한 종교란 사회적 유대를 훼손하는 것으로 생각되었던 것이다.

그러나 현대사회에서 종교는 사사화Privatization되면서 종교적 다양성이 긍정적으로 작용하여 다양한 문화를 통합하고 다양한 세계

189 Gary D. Bouma and Rod Ling, "Religious Diversity", Peter B. Clarke ed. *The Oxford Handbook of the Sociology of Religion*(New York: Oxford University Press, 2009), 512.
190 에밀 뒤르켐, 임희섭 역, 《자살론·사회분업론》(서울:삼성출판사, 1982), 149-150.

를 경험하는 통로가 된다고 하였다. 보우마와 링은 종교적 다양성에 대한 이해가 사회에 따라 다름에 대한 두려움, 다름에 대한 관용, 다름의 긍정적 효과 인식으로 단계적으로 변화된다고 하였다. 즉 다양한 종교가 사회 속에서 긍정적인 역할을 조화롭게 수행하기 위해서는 과정과 단계가 필요한 것이다.

현재 우리가 경험하는 다종교사회는 종교 간의 긴장과 갈등을 넘어 종교 간 관용을 실천하려는 길목에 서 있다. 종교 간의 긴장과 갈등은 자신의 종교를 절대시하는 종교의 본질에서 기인한다. 종교인은 누구나 자신의 신앙을 절대시 또는 우월시하면서 다른 사람의 신앙을 잘못된 것이나 열등한 것으로 간주하고 자신의 신앙을 다른 사람에게 적극적으로 전파하려는 자세를 가지고 있다.

타종교에 대한 독단적인 신앙태도나 제국주의적 횡포는 유대교, 기독교, 이슬람교 등의 유일신 종교에서 더욱 심각하게 나타나고 있다. 사진은 전쟁이 멈추기를 기도하는 팔레스타인 어린이의 모습.

진리에 대한 확신, 그 확신을 전파하려는 선교적 열정은 대부분의 종교 안에 나타나는 공통적인 특징이다. 그러나 이러한 선교적 열정은 때때로 다른 종교와의 갈등과 마찰을 야기하는 요인이 되기도 한다. 즉 자기가 귀의하고 있는 종교에 대한 절대적 확신을 바탕으로 타종교를 거짓종교로 규정하며 상대화하는 과정에서 불가피하게 종교 사이의 대립이 발생하게 된다.

특히 타종교에 대한 독단적인 신앙태도나 제국주의적 횡포는 유대교, 그리스도교, 이슬람교 등의 유일신 종교에서 더욱 심각하게 나타나고 있다. 주지하듯이 유일신 종교들은 자기 종교에 대한 절대적인 확신을 토대로 수천 년간 이어져 온 대표적인 종교 공동체들이다. 이들은 한 분의 하나님에 대한 믿음을 기반으로 자기 종교의 계시만이 신을 가장 완벽하게 드러내는 유일하며 최종적이라는 보수적 신앙을 고수해 왔다. 이러한 유일신 종교들의 확신은 이들이 초기에 받았던 박해와 고난 속에서도 자신의 신앙적 정체성을 지켜나갈 수 있는 큰 힘이 된 반면 타종교가 갖는 진리체험의 고유성을 부정함으로써 종교 간 폭력을 야기하는 원인이 되기도 하였다. 특히 유일신 종교들이 지배 종교가 되었을 때에는 다른 종교를 거짓종교 내지 우상숭배자로 규정하면서 질서와 평화 유지라는 미명 아래 무자비한 폭력과 탄압을 행사하거나 정당화하기도 하였다.

그러나 한편으로 유일신 종교들은 사랑과 화해, 정의에 기초한 평화적 가치관을 공유하고 있다. 앞에서 논한 것처럼 타인의 생명에 대한 존중, 원수까지도 사랑하는 이웃사랑의 실천은 유일신 종교 안에서 발견되는 공통된 가르침이다. 세 종교들은 하나님이 주체가 되어 하나님의 질서에 따라 선포되고 수립되는 영원한 평화를 소망하며, 이러한 세계를 역사적으로 추구해 나왔다. 유일신 종교 전통 안에서 평화는 우리의 선입견과 달리 매우 친숙하고도 일상적인 주제로 다루어지고 있다.

그런 점에서 볼 때 여러 종교가 평화롭게 공존하는 진정한 다종교사회를 열어가기 위해서는 종교 간 갈등의 큰 축으로 부각되고 있는 유일신 종교의 배타적 폭력성과 더불어 평화주의적 전통에 대한 균형 있는 이해가 요청된다. 우리는 유일신 종교가 담지하고 있는 평화적 가르침이나 가치를 무시한 채 이들 종교의 폭력성만을 강조해서는 안 될 것이다. 또한 유일신 종교가 휘둘러온 폭력의 역사적 사실을 결코 무시해서도 안 된다. 세 종교 안에 배태되어 있는 평화주의적 전통과 배타적 진리주장을 공평하게 검토할 때 우리는 이들 종교가 갖고 있는 본래적 평화의 가치를 되살리고 이에 근거하여 폭력을 해소해 나갈 수 있는 근원적인 방안을 찾을 수 있다.

이러한 문제의식을 바탕으로 우리는 유일신 종교의 평화사상과 그 역사적 전개를 자세히 고찰해 보았다. 그 결과 유일신 종교들이 갖고 있는 평화주의적 전통이 핍박받는 소수에서, 공동체의 다수로 변화될 때, 정치권력과의 결합을 통해 사회적 특권을 누리게 될 때 약화되고, 폭력성이 더욱 두드러지게 나타난다는 것을 확인하였다. 즉 유일신 종교의 진리주장과 비관용적 태도가 정치권력을 획득하였을 때 한층 심화되어 표출된다는 것이다.

유대교는 하나님이 선택한 민족이라는 선민의식을 바탕으로 율법을 지키면 유대공동체를 중심으로 이방인까지 자비와 정의가 실현되는 샬롬, 즉 평화가 실현될 것으로 추구하였다. 그러나 이러한 샬롬사상은 사사시대와 통일왕국시대, 남북왕조분열시대를 거치면서 왕권의 도구이자 이데올로기로 악용되면서 자비와 정의라는 본래적 가르침을 잃어버리게 되었다. 즉 하나님의 사랑과 정의의 결과이며 축복인 평화의 개념이 정치와의 결탁으로 인해 본질적 가치를 잃어버리고 지배계층의 폭력적인 도구로 이용된 것이다.

그리스도교는 유대교의 선민의식이 가지는 차별적인 평화를 비판하면서 보편적인 평화를 주장하였으며 전쟁과 폭력에 의한 평화가 아니라 사랑과 희생에 의한 평화를 실천적으로 보여주었다. 그러나 박해받는 소수에서 사회를 주도하는 다수로 변화하면서 평화의 중심이 약자를 사랑하기 위한 평화가 아니라 사회의 안녕과 질서를 수호하는 평화로 이동하게 되었다. 이러한 과정에서 전쟁과 폭력이 허용되기에 이르렀다. 비폭력주의만으로는 현실적으로 더 큰 악을 양산하거나 막을 수 없다는 현실적 논리가 더해졌던 것이다.

이슬람 역시 평화를 위한 종교로 선교 초기부터 무슬림 공동체 내는 물론이고 다른 종교 공동체에게도 관용의 자세를 취하며 평화로운 관계를 형성하였다. 다만 메디나 이주 이후에 이슬람 공동체의 정체성 형성과 내부 결속력을 높이기 위해 폭력을 사용한 방어와 공격이 허락되었으며 메카 순례를 하기 위해 제한적으로 지하드를 허용하였다. 즉 방어적이고 제한적인 수준에서 물리적 폭력을 허용하였으나 그 자체를 강조하거나 장려하지는 않았다.

그러나 우마이야 왕조 이후, 이슬람이 지배하는 지역이 넓어지면서 방어적 폭력에 대한 이해가 변화되었다. 특히 12세기 이후 기독교 세력과의 대결에서 이슬람이 패배하면서 내부분열과 혼란을 겪게 되었으며 점차 외부의 침략에 대한 방어와 공격 전쟁에 대한 입장이 자의적으로 해석되었다. 현대에 이르러 서구세력에 대한 피해의식을 가진 일부 테러리스트나 무슬림은 지하드를 자의적으로 해석하면서 이슬람의 이름으로 테러나 폭력적인 행동을 정당화하고 있다.

이러한 역사적 고찰을 통해서 우리는 유일신 종교가 각기 등장하는 초기에는 절대적이고 보편적인 평화의 이상을 제시하였으며 자신의 종교공동체는 물론 다른 종교공동체와 공존하는 평화의 비전을 꿈꾸었다는 것을 알 수 있었다. 특히 유일신 종교는 선교 초기에 핍박받는 위치에 있으면서 가장 억압받고 고통 받는 사람들을 위한 평화, 공동체의 정의가 실현된 평화를 생각했다는 공통점이 있다. 이는 유일신 종교가 근본적으로 자신의 종교를 절대시하여 다른 종교를 배타적으로 규정하는 것이 아니라는 것을 설득력 있게 보여준다.

그러나 이후 유일신 종교들은 현실적 상황의 변화, 즉 소수에서 다수로 변화되면서 정치와 관계를 형성하며 제도화될 때 소수를 보호하기 위한 방어적 폭력뿐만 아니라 강자를 위한 폭력까지 정당화하였다. 유대교는 이스라엘 건국과정에서 팔레스타인에 폭력을 행사했으며, 그리스도교는 국교가 된 이후에 방어적 폭력뿐만 아니라 질서유지를 위한 차선의 폭력을 정당화하였다. 이슬람 역시 선교국가가 팽창되면서 방어적 폭력에 대한 이해가 변화된 것이다.

다종교사회를 위한 과제

유일신 종교가 성립 초기에는 다른 종교와 공존하고자 노력하였으나 정치적 상황 변화에 따라 체제통합과 질서유지, 권력집중을 위해 배타적이고 폭력적으로 변화되었다는 사실은 다종교사회 실현을 위한 시사점을 보여준다. 즉 다종교사회의 걸림돌로 인식되는 유일신 종교가 만날 수 있는 지점을 보여주며 역사적 공통점을 통해 해결해야 할 과제를 알려주는 것이다.

연구결과 평화로운 다종교사회를 실현하기 위한 과제는 다음과 같다.

첫째, 다종교사회 실현을 위해 유일신 종교는 각 종교의 근본정신을 회복해야 한다. 유일신 종교의 평화사상은 현실의 평화가 가지는 상대적이고 제한적인 평화실현을 비판하고 절대적이고 보편적인 평화의 이상을 제시하였다. 또한 유일신 종교는 모두 창조주이며 구원자인 유일신 하나님에 대한 신앙의 관점에서 평화를 이상적인 구원의 상태로 이해하며 신의 사랑과 정의를 공동체 안에 실현하고자 하는 공통점을 지니고 있다. 나아가 평화의 이상은 물리적 장소나 특정 시대에 국한되지 않는 보편성을 담보해주는 유일신의 초월성으로 인해 인종, 민족, 성별, 계급의 장벽을 넘어 확대되었다. 유대교는 사회적으로 박탈된 자들을 구원하고 해방하며, 생존권을 보호하는 공의와 사회적 정의가 실현된 상태로 평화를 이해하며 하나님과 인간, 인간과 인간, 유대민족과 이방인, 인간과 자연 사이의 상호관계 속에서의 총체적인 화해를 추구하는 보편적 평화사상을 발전시켰다. 그리스도교 역시 보편적인 사랑을 통한 평화, 즉 그리스도를 통해 계시된 신적 평화의 복음을 전하며 폭력에 의한 평화의 본질적 한계를 지적하였다. 약자에게는 차별적이고 억압적인 위계적인 질서의 평화와 군사적, 정치적 평화주의가 아니라, 편견과 차별의 경계를 넘어 낮고 소외되고 헐벗고 고통 속에 있는 이들과 함께 하는 보편적인 사랑의 실천에 의한 평화야 말로 진정한 평화라는 것을 말해주었던 것이다.

이슬람 또한 모든 인류는 형제로서 알라 앞에 평등하며 민족과 인종보다 신앙과 선행이 중요하다고 강조하였다. 비폭력이란 폭력을 행하지 않는 것이 아니라 곤경과 위기에 처한 사람을 도와 폭력의 근원을 완전히 제거하는 것이라고 설명하면서 이교도들을 돕는 것을 비폭력이자 무슬림의 의무라고 설명하였다.

유대교, 그리스도교, 이슬람교는 유일신 종교로 고유한 역사와

다종교사회 실현을 위해 유일신 종교는 각 종교의 근본정신을 회복해야 한다. 사진은 세계종교의회에 참석하여 다른 종단 지도자의 발표를 경청하는 대표들.

전통을 가지고 있으며 다른 문명의 근간이 되어왔으나, 유일신 종교로서 가지고 있는 근본적인 보편성을 회복하여 실천을 통해 서로를 인정할 때 다종교사회의 첫 출발이 이루어질 수 있을 것이다.

둘째, 다종교사회의 실현을 위해서는 유일신 종교가 정치적 상황 속에 외면한 약자의 평화를 위한 실천에 앞장서야 할 것이다. 상술한 바와 같이 유일신 종교인 유대교, 그리스도교, 이슬람은 공통적으로 성립 초기에는 이방인과 약자를 위한 평화실현을 추구하였다. 그들 자신이 떠도는 이방이었고, 시련과 수난을 받는 약자였기 때문이다. 그러나 정치적으로 인정받고 주류 사회로 진입하면서 이들은 제국의 종교가 되어 강자의 평화, 즉 질서를 유지하고 사회를 통합시키는 역할에 충실하게 되었다. 이러한 역할에 치중하면서 타자와 약자는 배제되고 자기 울타리를 지키려는 강자의 폭력이 정당화되었던 것이다. 따라서 다종교사회의 실현을 위해서는 유일신 종교가 차별적 배타성을 버리고 경계 밖에 있는 소외된 이들을 위한 평화를 추구해야 한다.

유일신 종교뿐만 아니라 모든 종교는 헌신성을 강조한다. 유대교, 그리스도교, 이슬람교는 "자신이 받고 싶은 것을 그대로 남에게 먼저 하라"라는 타자에 대한 헌신적인 봉사를 필연적으로 강조한다. 종교를 막론하고 신실한 신자라면 자신보다 불행하고 위험한 상황에 놓인 타자에게 헌신해야 하는 것이다. 유일신 종교는 그러한 타자의 불행과 고통 속에서 신의 고통을 볼 줄 알았던 소중한 전통을 가지고 있다. 이제 다종교사회에서 타자에는 다른 종교를 믿는 타종교인과 다양한 소수자들도 포함된다.

다종교사회에서 이제 종교는 타자와 배타성을 강조하면서 종교

구성원의 통합만을 추구하는 것이 아니라 타자와의 대화를 통해 이해와 공감을 가져 사회 구성원과 인류 공동체의 통합을 추구해야 한다. 국가와 인종, 문화의 경계를 넘어 다양한 종교가 공존하는 사회에서 한 종교의 절대성을 강조하여 구성원을 통합하는 전통적 이해는 불가능한 것이다. 이미 다양하게 존재하는 종교를 어떻게 이해하고 상호 공존할 수 있을 것인가를 고민해야 한다. 이러한 상황에서 유일신 종교의 보편성을 소외된 약자이자 나와는 다른 타자를 포용하는 수준으로 확대하는 노력이 진행되어야 할 것이다.

셋째, 다종교사회의 실현을 위해서는 종교적 연대를 강화하여 평화적 실천을 주도해야 한다. 유일신 종교의 역사는 특정한 집단이나 제도적 종교가 보편적이고 절대적인 평화의 유일하고 합법적인 대리자이나 집행자임을 자임하게 될 때, 폭력이 정당화되며 더 큰 비극이 일어날 수 있음을 보여준다. 이단에 대한 박해와 중세의 마녀사냥, 십자군전쟁, 제국주의적 침략, IS의 종교근본주의 등은 유일신 종교가 폭력과 갈등의 명분을 제공해 온 사례이다.

이러한 반작용으로 종교는 정치와 분리되었으며 현대 사회에서는 종교무용론마저 등장하였다. 이를 해결하기 위해서는 종교가 근본정신을 회복하고 약자를 위한 평화를 실현하기 위해 힘쓰면서 종교 간 연대를 강화하여 평화세계를 이룰 수 있는 구체적인 협력을 해야 한다. 물론 평화세계를 이루는 종교적 협력은 현실정치에도 영향을 미치는 구조가 되어야 한다.

유일신 종교는 종교와 정치는 분리될 수 없는 유기적 관계에 있음을 보여주었다. 이에 한 종교가 국교와 같이 특별한 위치를 가질 것이 아니라 공동 연대체를 구성하여 현실세계에서 평화를 실현할 수 있는 협력을 지속적으로 펼친다면 종교무용론은 사라지고 종교의 순기능이 작동할 수 있을 것이다.

문선명 선생의 평화사상 실현을 위한 제언

문선명 선생은 하나님과 인간, 온 만물이 사랑의 평평한 관계 맺음을 통해 조화롭게 살아가는 상태를 궁극적인 평화로 이해하면서 일생동안 사회, 경제, 문화 전반에 걸쳐 실체적인 평화를 구현하기 위해 노력해 온 이 시대의 평화주의자였다. 선생은 폭력과 전쟁이 난무하는 비평화적 현실을 극복하기 위한 궁극적 대안을 하나님의 참사랑으로부터 찾아야 한다고 주장하였다. 나아가 평화는 정치적, 사회적인 변혁인 동시에 마음과 몸의 통일체를 이루어 사랑을 실천하는 이타적 존재가 되기 위한 인간 내면의 철저한 개혁임을 강조하였다.

선생은 종교를 평화실현을 위한 방편으로 모든 종교는 하나님을 찾아온 진리로 존중받아야 한다고 보았다. 하나님을 부모로 모시고 각 종교가 연대하여 하나님이 바라시는 평화세계를 이루기 위해 노력해야 하며 평화세계가 실현되고 나면 종교는 소멸될 것이라고 하였다. 이러한 선생의 사상은 축복운동과 종교화합운동, 평준화운동 등을 통해 구체적으로 전개되었다.

그러나 이러한 노력은 지금까지 주로 통일교회를 중심한 종교통일로 이해되었다. 이진구(2004)는 문선명 총재의 종교 화해와 일치를 위한 노력을 그리스도교로 인정받기 위해 벌이는 인정투쟁의 논리와 통일교회 중심의 종교통일 담론으로 규명하였으며, 안신과 허우성(2011)은 문선명 총재가 자신의 종교사상을 모든 인류가 수용해야 할 마지막 진리로 선포하고 통일교회로 모든 종교가 통합되어야 한다고 주장한다고 보았다.

만약 이들의 연구결과처럼 문선명 총재의 평화사상이 통일교회를 중심한 종교통일사상이라면 유일신종교가 평화를 추구하고 염원하면서도 타종교에 대해 폭력의 사상이 되었듯이 문선명 총재의 평화사상 또한 통일교회 중심의 평화사상에 머물러 진정한 다종교사회를 실현하는 사상이 될 수 없을 것이다.

윤승용은 "통일교회는 처음부터 교회를 중심으로 출발한 것이 아니라 지상에 이상세계 실천을 목표로 한 기독교 평신도운동으로서 '협회'라는 이름으로 시작하였다. 이후 그 실현을 위해 기성교회와는 전혀 다른 활동들을 해 왔다"고 하면서 "통일교회는 이상실현을 위한 교회이자 그것을 실천하는 운동적 교회"라고 하였다. 그러면서 향후 통일교회의 평화세계 실현운동이 제도적 교회와 어떤 관계를 맺을 것인가에 따라 달라질 것으로 보았다. 윤승용의 지적처럼 이러한 연구는 평화세계 실현 운동의 계승과 장기적인 통일교회 제도화를 위해 반드시 필요한 상황이다.

이에 본 연구는 문선명 총재의 평화사상을 중심으로 유일신종교의 전통을 연구해봄으로써 문선명 총재의 성화 후 제도화과정에서 평화사상을 실천하기 위해 어떠한 종교적 비전과 태도, 제도를 가져야 하는가에 대한 시사점을 얻고자 하였다.

이를 종합한 제언은 다음과 같다.

첫째, 유일신 종교는 모두 평화사상을 가지고 있음에도 불구하고 그 역사적 전개과정에서 사회적 약자에서 제도권으로 편입될 때 내부 결속을 위해 배타적이고 분리적인 태도를 보였다. 통일교회 또한 종단의 안정화를 위해 교단 내부결속과 성장, 위계적 질서

문선명 선생의 유지를 받들어 향후 평화세계 실현을 위해서 대사회적으로 종교영역뿐만 아니라 다양한 실천적 노력을 견지해야 하며 열린 영역을 중심한 소통을 지속적으로 전개해야 할 것이다. 사진은 시리아의 종교지도자 세익 쿠프타로와 환담하는 문선명 · 한학자 총재 양위분.

유지를 지속적으로 이루어 가면서 문선명 선생의 평화사상을 실천해야 하는 과제가 있다. 교단의 절대성을 강조하고 다른 교단과의 차별성을 부각시킨다면 내부 구성원의 결속을 강화할 수 있겠지만 평화사상의 실천은 이루어지기 힘들 것이다. 이러한 과제를 균형 있게 실천하는 것이 중요하다.

둘째, 유일신 종교가 역사적 전개과정에서 제도화될 때 자신의 종교를 중심한 평화를 중심적으로 생각하고 사회적 약자를 고려하지 않아 보편성을 상실하고 다른 종교와 마찰을 일으킨 것을 볼 수 있었다. 문선명 선생은 통일교회를 위한 통일교회가 아니라 평화세계를 실현하기 위한 중심축으로서의 통일교회가 되어야 한다고 누차 강조하였다. 통일교회 또한 제도화 과정에서 주류사회에 편입될 때 통일교회를 중심점에 두고 다른 종교는 물론 소외된 약자들을 배제해서는 안 된다. 통일교회는 통일교회가 필요 없는 시대를 위해 활동하는 종교이기 때문이다.

셋째, 유일신 종교는 다종교사회 내에서 교리가 아닌 실천과 영성으로 소통하고 있으며 평화세계를 실현하기 위한 연대를 추구하면서 미래세계에 기여하고자 노력하고 있다. 통일교회는 유동성이 높은 신종교로 종교의 권위적 위계질서를 따르는 공동체를 유지하는 동시에 이와는 독립되어 있으면서 직간접적으로 연계된 다양한 영리·비영리사업과 단체를 운영하면서 평화세계를 실현하기 위한 다층적인 노력을 해왔다. 향후 평화세계 실현을 위해서 대사회적으로 종교영역뿐만 아니라 다양한 실천적 노력을 견지해야 하며 열린 영역을 중심한 소통을 지속적으로 전개해야 할 것이다.